月丘夢路

Yumeji Tsukioka

芍薬な月

編・著　一般社団法人 井上・月丘映画財団

CONTENTS

最期の日々

57年にわたる母との時間の中で、母の涙をはじめて見たのは亡くなる3日前でした。風邪から肺炎を起こして入院した母は、少しずつ食事ができなくなり、言葉を発する力もなく静かにベッドで寝たまま。母のそばにはつねに誰かが付き添い、私も病院に泊まり込んでそこから仕事に行ったりしていました。

ちょうど私と二人きりだった時のことです。母の頬を不意にひと筋の涙が流れました。母はいつも穏やかで、私は母が泣いたり怒鳴ったりした姿を見たことがありません。どんな逆境でもうろたえたりせず、いつだって前向きでした。90歳を過ぎて「徹子の部屋」に出演した時、「私、今が旬なの♡」と周囲を笑わせてくれた母。

あれは自分の人生の終わりを悟った涙、諦めの涙だったのでしょうか。悔しい、残念だ、やっと楽になれる、思い残すことは何もない、幸せだった、会いたい……。どんな想いで流した涙だったのでしょうか。母の95年の生涯に想いを馳せた瞬間でした。

そして亡くなる前日の夜のこと。母のこともよく知っている友人が来てくれたので、少しだけそこにいてくれるようお願いして、飲みものを買うために病室を出ました。病院の前にあるコンビニに行くのに横断歩道を渡ろうとしたその時に、ふと夜空を見上げたら、月がいつもより倍くらい大きく、オレンジ色に輝いていたのです。
月丘夢路という芸名は、宝塚時代に自身が考えたものです。宝塚歌劇団では創設当初から百人一首の歌から芸名をつけることが多かったのですが、母が入団した頃にはもうほとんどの歌が使われていて、母は当時愛読していた『少女の友』で「月の丘を夢の路へ……」という言葉をみつけて「月丘夢路」に決めたそうです。
あの日、あんなにも神々しくて大きな月は、母が私に見せてくれた最後の輝きだったのかもしれません。そのあと病室に戻って、夜が明けるまでずっと母の耳元でささやきました。「今まで一緒にいて、楽しいことがいっぱいあったね。あなたの娘に生まれて幸せでした。ありがとう、ありがとう、ありがとう」と。
母がまだ元気だった頃、自宅の窓から二人で月を見上げている時、母がこんなことを言いました。
「私がこの世からいなくなったら、月を見て誰か私を思い出してくれるかなあ」
母は皆様ともう二度と会えないことが悲しくて、涙したのかもしれません。月となった母は今も皆様の幸せと、この世の平和を、上空から願っていることと思います。

井上 絵美
EMI INOUE

気取ったところは全くなく、でも、
お上品で、月丘流
とでもいうのか
ユニーク
で何度も笑わせて下さいました。

——黒柳徹子
Tetsuko Kuroyanagi

私にとって夢路ママは、
名女優・月丘夢路じゃなく
優しい夢路ママ
です！

——髙橋真梨子
Mariko Takahashi

月丘夢路さんのイメージは、
牡丹か芍薬。
フィルムの中やプライベートでお会いした時の
華やかな印象です。

——舘ひろし
Hiroshi Tachi

私の本格的な映画デビューとなった作品の撮影現場では、
月丘さんとのキスシーンもあり、私が震えていると、
「ほら、しっかりしなさい！」と、
お尻を叩かれたりしました。

――仲代達矢
Tatsuya Nakadai

そこにいらっしゃると映画の1シーンを見ているようであった。
「銀幕のスター」という言葉が
本当に似合う方であった。

――林 真理子
Mariko Hayashi

月丘さんは自分をよく知っている人で、
いつも個性のはっきりした役でしたから、
キャラクターを強調する服作りや生地選びなどに、
神経を使ったものです。

――森 英恵
Hanae Mori

YUMEJI TSUKIOKA

Photogallery & Words

役者って、何かを**得ている**代わりに、

何かを**失っている**と思うんです。

ふり返ってみて、

私はとても**運が良かった**と思うの。運が強いと言うのかな。

なぜって、映画人口11億人という全盛期の頃が、30歳くらいでしょう。

いろいろな役のできる年齢を、**日本映画**の**最盛気**で迎えた。

どんな仕事でもその成功、不成功は

結局その人の**人格、教養、体力、努力**だと思います。

――月丘夢路

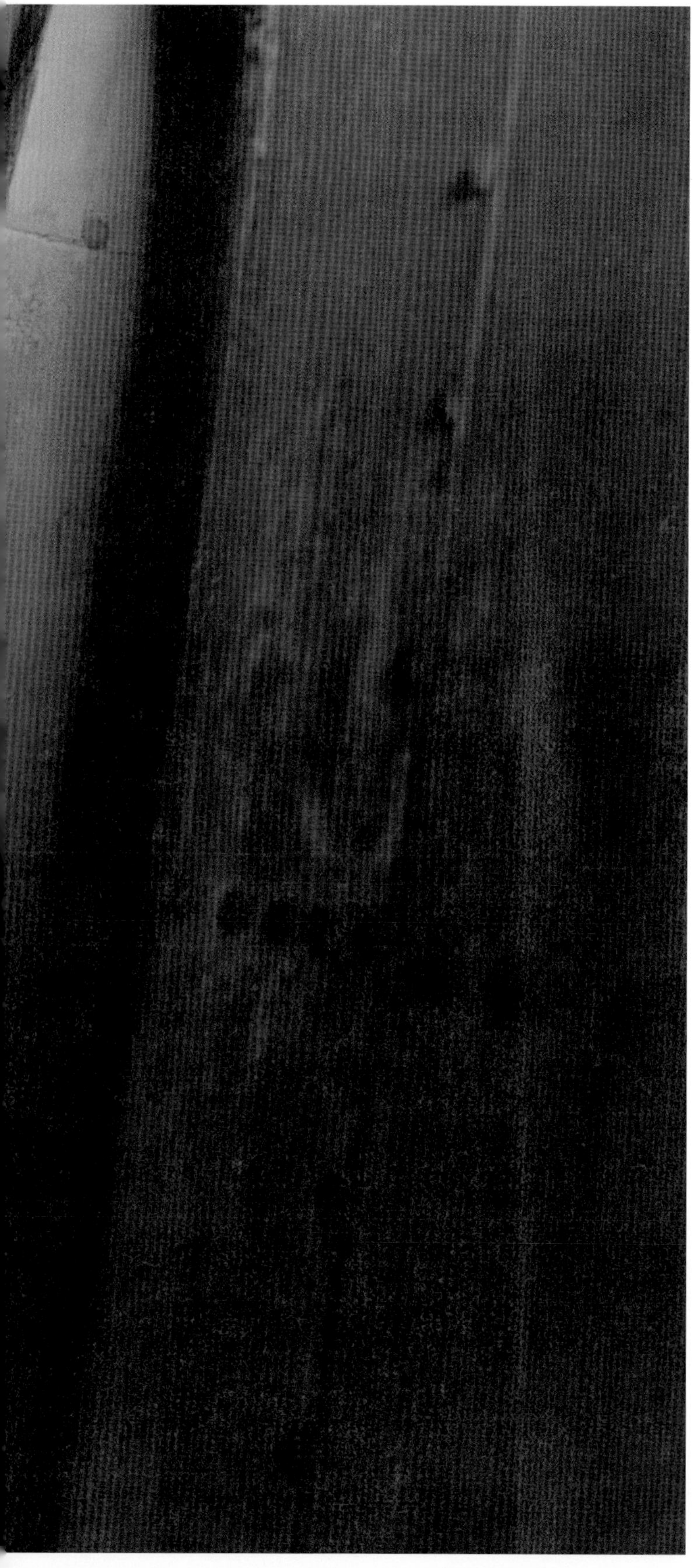

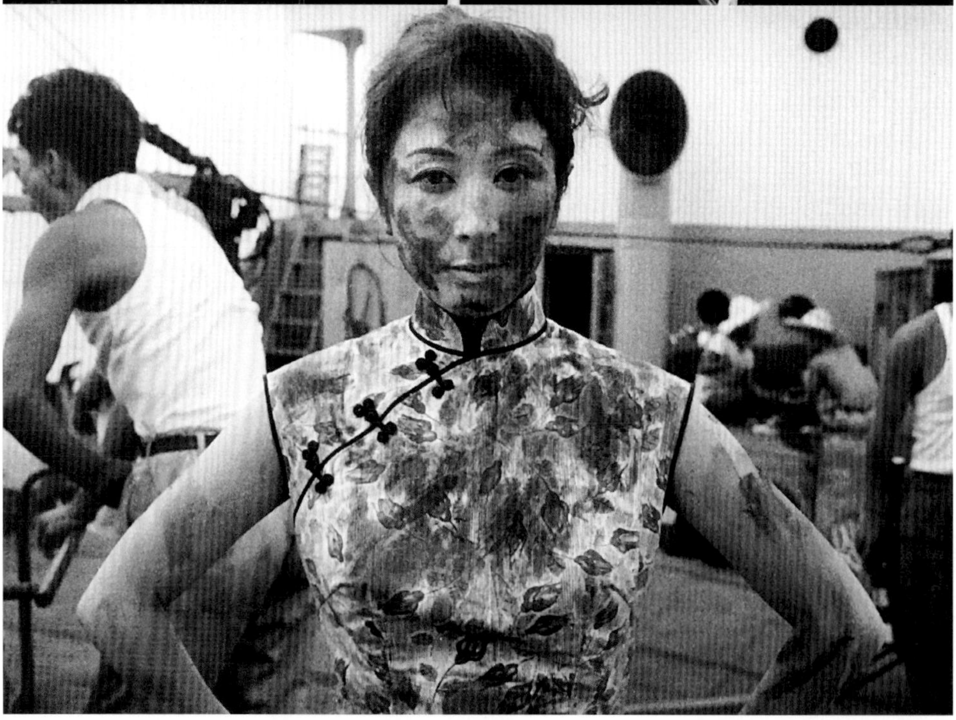

OF NILGIR

KBC

寝るのはいつも東京と京都間の寝台車。
1週間のうち2回ぐらい往復して。
だから、寝台に乗るともう嬉しくて。

新聞に「月丘夢路、年間で最多の11本」と書いてあって、
そんなに出たかしらと。自分でも驚いちゃって。

丈夫も芸のうち。
調子のいい体を撮影所に持っていくことが第一。
うまい、へたは二の次(笑)

――月丘夢路

3
月蝕

44

もう私は**映画**を作る過程が**本当に好き**なんですよね。

今、一番**愉しい**って思うことは、
1日の仕事を終えて、撮影所から家に帰る自動車の中での
すがすがしい気持ちの時。

役者は肉体労働ですね。
365日撮影所に行って、
家に帰って寝るだけの毎日でした。

——月丘夢路

MINERVA

何かを得れば何かを失う。
世の中、みんなある程度**公平**にできていると思う。

ずっといい時が続くなんて**あり得ない。**
そうなった時のために
自分の世界を持っていないとね。

人は**怒る**と体中に毒素がわくんだそうです。
その毒素たるや大型犬1匹を殺せるほどの**猛毒**なんですって！
反対に**笑う**ことは体にとても良いそうです。
笑うと体中の臓器の細胞が**喜ぶ**んだそうです。

――月丘夢路

女優、母、妻としての月丘夢路 1

文　井上絵美

女優への道のり

ある人は「絶世の美女」と讃え、ある人は「超三枚目キャラ」と愉快に語り、ある人は「あんなに一緒にいて楽しい人はいない」と感心する、女優、月丘夢路とは、一体どんな女性だったのでしょうか。

　私は月丘夢路の娘として、彼女の姿をそばでずっと見つめてきました。母とは私の結婚後も一緒に暮らし、2017年に鬼籍に入るまで、家にいるほとんどの時間を共に過ごしてきました。母と娘というより、親友や姉妹に近いような存在。当然、彼女のことならなんでも知っていると思っていたのですが、亡くなったあとに、娘の私が知らなかったエピソードもたくさん知ることとなりました。

　戦中にデビューして70年以上、決して平坦な道のりを歩いてきたわけではなかったのに、何があっても動じず、90歳になっても「今私、旬なのよ」と笑っていた月丘夢路は、一人の女性としてとても魅力的な人物です。ここで少しだけ、皆様と一緒に月丘夢路の人生を振り返ってみたいと思います。すみませんが、ぜひ、お付き合いください。

母、月丘夢路は、1921年、広島県で旭爪《ひのつめ》家の長女として生まれ、薬問屋を営む両親のもとで何不自由なく育ちました。過去にさかのぼると、母の父方の祖父（つまり私の曽祖父）・堅田《かただ》少輔は毛利家と縁続きの堅田家12代目であり、今の山口県、湯野・戸田の最後の領主でした。明治初期には日本最初の留学生としてアメリカのコロンビア大学へ留学したり、衆議院議員になったりするなど、先進的な人物であったようです。母の父は広島の旭爪家の養子となったのですが、母が子どもの頃は山口でも夏休みを過ごすなど、故郷が2つあるような思いがあったそうです。

　小学生の頃は学芸会の花形で、お姫様役というと必ず回ってきたとか。そして県立広島高等女学校（現・広島皆実高等学校）に入学。母が宝塚を志したのは、この女学校入学のご褒美に行った東京で、宝塚や松竹の少女歌劇を見たことがきっかけです。初めて見る華やかな世界に夢中になり、雑誌や新聞で記事を見つけるとどんなに小さなものでもていねいに切り抜いてスクラップに。そのうちそれでは満足できなくなり、自身も宝塚に入りたいと両親に訴えましたが、なかなか許可が出ませんでした。それでも諦めない母に困り果てた祖母は、母の叔父に相談しますが、この叔父は、ロンドンからレコードを取り寄せるような芸術肌の人で、「少しでも伸ばしてやれ」と言われ、晴れて受験できることになりました。

　倍率も高かったことからどうせ落ちるだろうと両親は期待したそうですが、予想に反して合格。1937年に見事に宝塚音楽歌劇学校への入学を果たします。同期の27期生には、越路吹雪さんや乙羽信子さんがいました。舞台では春日野八千代さんの相手役に大抜擢されます。

　また、宝塚歌劇団では1938年から宝塚映画がスタートし、出演。本格的な映画デビューは1942年です。五所平之助監督からスカウトされて『新雪』のヒロイン役に。宝塚の舞台では常に「スマイル!」と言われるのに、映画では場面やセリフに合わせて細やかに演技をすることが新鮮だったようです。当時、すでに日本は開戦しており、母は自らを戦前派でも戦後派でもなく、戦中派だと言っていました。

その後、戦争が激化し、宝塚大劇場が閉鎖。母は宝塚を退団して映画に軸足を移します。当時、撮影するのは戦争映画ばかりだったことから、母は終戦後、もう映画は必要がなくなると勘違いし、当時所属していた大映の永田社長に「広島へ帰ります」と挨拶に行ったそうです。ところがそこで返ってきたのは「これからが、映画の時代だ!」という力強い言葉。母の女優人生はここから花開いてゆきます。

女優として

「女優の仕事は、舞台やテレビもありますが、やはり映画の現場が血が騒ぐというか、一つのフィルムを皆で創り上げるという意識があって一番好きですね」

母は、自身の仕事を振り返るインタビューでそう答えていました。出演した映画は170本以上。テレビドラマや舞台も含めると、一体どれくらいの作品数になるのか見当もつきませんが、やはり映画には特別な想いがあるようです。

母が30代になった1950年代はまさに日本映画の隆盛期で、1958年には映画館の年間観客数が過去最高の11億人超に。たくさんの映画が製作され、母も様々な役を演じる機会に恵まれました。

田中絹代監督『乳房よ永遠なれ』(1955年)では乳がんで乳房を失う歌人の役を、父が監督した『火の鳥』(1956年)では奔放なスター女優の役を、石原慎太郎さん原作の『月蝕』(1956年)では恋人がいながらも石原裕次郎さんに惹かれ殺される歌手の役を、中平康監督『美徳のよろめき』(1957年)では夫以外の男性によろめく貴婦人役を。当時の新聞には「美貌では当代のスターで並ぶ者のない月丘夢路も最近はその美貌だけに頼らず新たな演技領域の開拓に懸命である」と書かれていました。

意欲的に仕事に打ち込む母でしたが、演じる上で大切にしていたのは、カメラの前に立つ自分を最高の状態にしておくということです。

「丈夫も芸のうち。うまい、へたは二の次。調子のいい体を撮影所に持っていくことが第一です」という言葉通り、心身ともに健康な自分で撮影に臨むことを常に自分に課していました。

また、事前に役を作り込むことよりも、その場の感性で演技することを心がけていたように思います。本番で、いきなりリハーサルとは違う演技をする俳優さんもいるのですが、母は自分自身の解釈を主張するのではなく、解釈は何通りもあるのだからと、監督の指示には素直に従っていたようです。

母と何度も共演したことのある三橋達也さんは、「こちらでどんな芝居をしかけてもすぐに受け入れてくれたので、どれほど気楽に仕事ができたかしれない」と述べておられました。母自身あるインタビューで「いちいち『そうおっしゃいますけれども』なんて言っていたってしようがないし、主張することが必ずしも仕事に忠実だとは言えないと思うのです。大勢の仕事だからみんな気持ちよくやることが、作品にいい影響をもたらします」と答えていました。

50代では、山本薩夫監督の『華麗なる一族』（1974年）で主人公の妻・万俵寧子役の演技が話題に。のちにこの映画を自身の代表作のひとつとして挙げています。佐分利信さんや仲代達矢さんらの豪華キャストでも話題になりましたが、共演した田宮二郎さんからは「月丘さんが一番、実物に近い」と言われたそうです。「私はこの役をやるために歳を取ったと思ったの」とうれしそうでした。母が私に映画の話をしてくれたのはこの時が初めてです。

女優とは、年齢を重ねることが必ずしもプラスになるわけではない職業です。母も自身の女優としてのキャリアを考えることもあったかもしれません。だけど、どんな時でも自分の置かれた状況を受け入れ、次の世代がうまくいくようにと願っていて、周りの人を心から応援できる人でした。私は両親から、ベストを尽くすという姿勢を教えてもらいました。どんな時も手を抜かずに、自分に与えられた役割を果たす。そのためにはどんな準備が必要か。日頃から体調を整えておくことも大切な準備のひとつです。

そして終わったことはひきずらない。反省はすべきだけど、後悔はすべきではない。クヨクヨしやすい私は、反省を次につなげなさい、とよく言われました。この2つは、どんな時も忘れないようにしている母の教えです。

母の交友録

「大の字のつくスターの中で、最も人柄の良い女優さん」

母が主演した映画を何本も撮影した川島雄三監督からのありがたいお言葉です。母の周囲には素晴らしい人たちが集まっていました。デビューしたばかりの石原裕次郎さん、昭和を代表する映画監督の一人、小津安二郎さん、何度も共演した三國連太郎さん、母の最後の映画出演で共演した吉永小百合さん……。歌手の西城秀樹さんは、広島出身同士ということもあって、母のことを東京のお母さんと慕ってくれていました。

胆石の手術で母が入院した時は、超多忙なスケジュールの合間を縫って病院まで見舞いに来てくれたほどで、主治医に「お母さんをよろしくお願いします。絶対に痛くないようにしてください」と何度も頭を下げてくださった姿を忘れません。当時の西城さんは人気の絶頂期。病院の玄関はファンであふれかえり、看護師さんたちも一目見ようと集まるほどでした。

西城さんは、ある時は母に相談があり、夜遅くにわが家に来て2人でずっと話をしていたことがあります。私は先に休んだのですが、朝起きるとまだ2人の話は続いていて、その日、私の主宰する料理教室に来た生徒さんの中には、くつろぐ西城さんを見て驚きのあまり貧血で倒れてしまう方もいました。

仲代達矢さんは、母の声かけがあって『火の鳥』で本格的な映画デビューを果たしたことから、「足を向けては寝られない存在でした」とテレビや新聞でおっしゃっていました。『火の鳥』では母の相手役だった仲代さんでしたが、『華麗なる一族』では息子役。母は面白そうに笑っていました。

田宮二郎さんとは家族ぐるみで親しくしていただき、私の20歳の誕生日には20本の真紅のバラをプレゼントしてくださったことも忘れられない懐かしい思い出です。そして、ある夕方にピンポンの音、宅配便かと思ってドアを開けると石原裕次郎さんが立っていた時は腰が抜けました。

「何かを得れば、何かを失う。人間は皆、平等なの。世の中は公平にできているのよ」

母はたびたびこの言葉を口にしました。女優という職業についたことで、普通の人が経験できないようなことができるなど恵まれた部分もあった一方で、プライバシーがなく気軽に出かけたりできず、仕事が忙しくて自由な時間もほとんどありません。絶大な人気があっても、その裏で、普通の人が味わうことのないような孤独を感じている人もいます。いいところもあるけれど、マイナス面もたくさんあるということを知っていたのでしょう。この話は、若い人たちにもよくしていました。ただ母は何かを愚痴ることはありません。すべて受け止めて、前向きに生きていました。

私は、母の娘として生まれたことで、なかなか会えないような方とご一緒させていただく機会や体験を得ました。その中で、一流とは何か、第一線で仕事を続ける大変さを学ばせてもらったと思っています。

アメリカ修業

私の人生初の海外旅行は高校生の時。行き先はハワイでした。母に連れられて、オアフ島に数日間滞在し、その後マウイ島へ。その時、母が英語を美しく話すのを知って驚きました。それもそのはず。母は戦後にニューヨークで暮らしていたことがあるのです。

1951年、29歳の時に主演した映画『東京のお嬢さん』の興行のため、妹の月丘千秋と共に渡米した母は、全米20都市ちかくで映画を上映し歌や踊りを披露するツアーを行いました。その後、予定を変更し、最終地のニューヨークに一人で残り、1年半の間、声楽やバレエ、スパニッシュダンスのレッスンに通いました。

当時はまだ外貨の持ち出し規制があり、自由に海外旅行に行くことは難しかった時代です。広島で蝶よ花よと育てられ、女学校から宝塚に入り、その後、映画界へとトントン拍子にやってきて、ずっとその世界だけで生きてきた母でしたが、「飛行機が飛び立った時からものの考え方が180度変わった、目が開いた」と後のインタビューで答えています。

アメリカに着いてからその想いはますます強くなりました。何より驚かされたのは、暮らす人々のマナーの良さ。無人の地下鉄の改札にもきちんとお金を入れるし、無造作に置いてある郵便物を盗む人もいない。道路の脇には花が植えられ、ゴミひとつ落ちていません。出身国や肌の色が違う人たちが助け合って生活している姿にも胸を打たれたそうです。

首都のワシントンD.C.には日本から贈られた桜がきれいに花を咲かせていました。当時の日本では花見というと、お酒を飲んで手が届くところの枝を手折ってしまう人も多く、上の方にしか花が咲いていなかったのに、その桜は下の方までたわわに花が咲いていて、子どもたちが落ちた花びらを拾い集めている。そんな光景にも心を動かされたようです。

「敗戦国の日本と比べると、当時のアメリカは圧倒的に豊かでした。最初は反抗心から、何よ、アメリカなんて、自動車がいっぱいあって冷蔵庫があって、それだけの国じゃない、と思ったのですが、アメリカの生活様式やものの考え方を知れば知るほど、その精神的な先進性に打ちのめされました」

そこで母は、自分は生まれてから努力して何かを自分で得たことがあるのかと自問自答します。そして今の自分があるのは、周囲の人に恵まれてきたからだ。ここで何か勉強しないと大変なことになる、と考え、帰国後のスケジュールをキャンセルし、カーネギーバレエスクールに入るなどレッスンに打ち込んだのでした。

日本にいる時はマネージャーや付き人達が身の回りのことをやってくれるような生活だったのに、あちらでは何から何まで自分でやらないといけない。母の父、私の祖父は、先述の曽祖父と同様コロンビア大学への留学経験があり、広島で通訳のような仕事をすることもあったらしく、母も英語と無縁ではなかったようですが、それでもかなり大変なことだったでしょう。

アメリカでは、成功した人はそれを社会に還元しようとします。そうした姿を目の当たりにして、母もこれまで自分が社会から受けてきた恩恵をどうやって返そうかという精神に目覚めたのです。

「私も何か世の中に役に立つことがしたい」

その気持ちが帰国後の映画『ひろしま』(1953年)への出演につながったのだと思います。

女優の結婚

父、井上梅次と母が結婚したのは1957年。父が監督を務めた『火の鳥』『月蝕』『踊る太陽』『危険な関係』『鷲と鷹』などに出演したあとで、母は当時、自身の結婚について「典型的な職場結婚」と言っていたようです。

父については「仕事はテキパキしているし、人情味豊かで、男には珍しく繊細な神経がゆきとどいて、それでいて、決して女性的じゃないのよ。私には頼もしい人」とインタビューで答えています。

そんな父は、結婚後も母に女優としていい仕事をしてもらいたいと考えていたようです。母に家の仕事をさせる気は毛頭なく、掃除、洗濯、食事作りはプロに任せていたので、わが家はお手伝いさんや付き人さん、運転手さん、書生さんらが暮らす大所帯。私にも乳母がついていました。そういう手はずを整えていたのは、実務的な父です。

結婚について、母が書いた文章が残っています。

「誰でも結婚する前には、相手を選ぶことに随分、心を使います。でもどんなにいい相手を選び当てたとしても、それだけで「結婚の幸福」をつかんだわけではないんですね。結婚の幸福は、結婚してからの毎日をお互いで不幸にならないよう、努力する以外何もないのではないでしょうか。

幸福を求めることと、不幸にならないよう努力することでは、物の見方も違ってきます。漠然と夢のような憧れをもつのではなく、着実なささやかなことに気を配ることになるでしょう。ロマンチックなことが遠い先にあるのかもしれませんが、現実的なものは毎日の生活の中にあると思います。それは誰の手にも届くところにあるものです。

不幸にならないために私たちは自分の毎日の生活を大事にしていかなければならないと思います」

母の結婚生活はこの言葉どおりだったように思っています。

一方で、母はこの時代、すでに今でいう「ジェンダー感覚」のある人でした。三島由紀夫さんの小説『美徳のよろめき』を映画化し、夫がありながら夫以外の人に惹かれる主人公を演じる時にはこんなことを書いています。

「男と女って、肉体的には多少違いがあるでしょうけど、人間として道徳的に考えた場合、男だからっていろいろ大目に見たり、許されていいものとは思えません。男だけでなく、女にだってよろめく危機があるのだということを、この映画が世のご亭主に警鐘を鳴らし、奥様をもっともっと大切になさることに役立てばと望んでいます」

こうした感覚の鋭さを持って、あの役柄を演じていたのです。

12494

Better Homes

■特別完成披露試写会ご招待
日時■1月22日(火) PM5時50分開場 PM6時10分開映
場所■ヒビヤ スカラ座 TEL(591)5355
※開映後の入場はお断りいたします。※一枚にてご一名様限り有効。
華麗なる一族
山本薩夫監督作品　原作■山崎豊子
脚本■山田信夫
製作■佐藤一郎・市川喜一・森岡道夫
〈カラー作品〉
佐分利信　月丘夢路　京マチ子　仲代達矢　山本陽子　目黒祐樹　酒井和歌子　神山繁　中山麻理　志村喬　小夜福子　加藤嘉　稲葉義男　二谷英明　中村伸郎　西村晃　田宮二郎　河津清三郎　小沢栄太郎　大空真弓　香川京子　平田昭彦　北大路欣也　北林谷栄　荒木道子　滝沢修
(登場順)

『華麗なる一族』万俵寧子、
私はこの役をやりたいために歳を取ったんだと思ったの。

男の方でも女の方でも、人間が最も美しく見えるのは
一生懸命何かに取り組んでいる姿ではないでしょうか。

女優の仕事は共同作業なので
人との協調、そして早い判断力、
豊かな感受性、情感の表現力が求められます。

――月丘夢路

CAFETERIA

31.969

PAA
N90902

ロスアンジェルス、サンディエゴ
サンノゼ バークレー
タコマ モントレー
オークランド スタクトン
サクラメント
リッチモンド
フレスノ
サンフランシスコ
スポーケン
シアトル
ソートレイク
デンバー
シカゴ
ニューヨーク

アメリカにしばらく残ることになって、
いろいろ考えだしたんです。私は一体生まれてから、
自分で努力して何かを得たことがあっただろうか、と。

フィルムって足があって、どんどん歩いていくんだなぁと思って。
自分が行くことのできないところでも見てもらえるというか。
これがまた、いいことなんですが、
これ以上恐ろしいことはないとも言えるんです。

アメリカでの生活を経験して、社会から受けた恩恵を
どうやって返そうかという精神に目覚めたんです。

——月丘夢路

広島で生まれて広島に育って、
宝塚に憧れて……。

世の中に身をさらすということは、
つらいこともありますけど、
それがいやだったら、女優を辞めるべき。

多くの人の喜びとなり、
ためになるものを残したい。作りたい。
それが私の生涯の夢です。

——月丘夢路

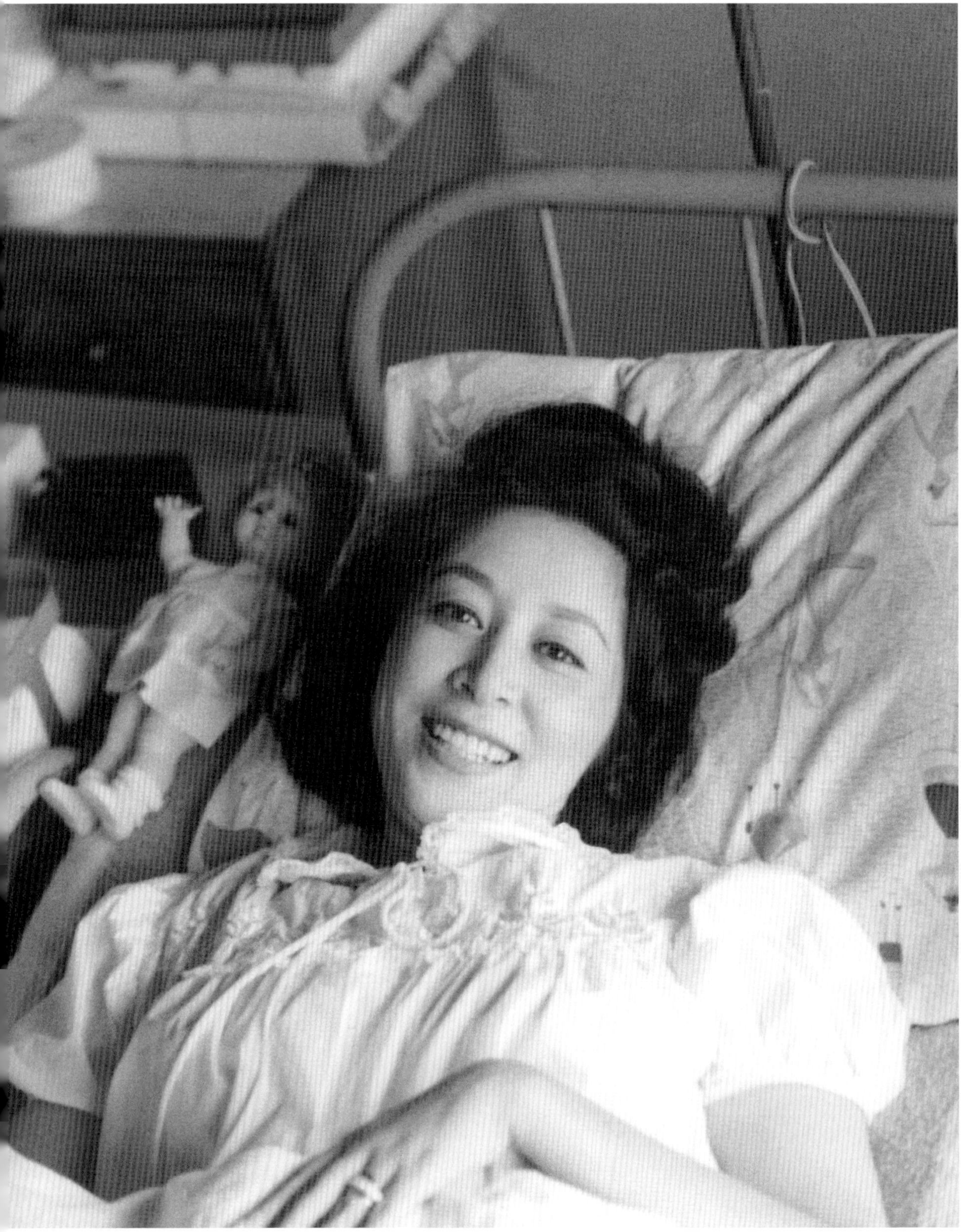

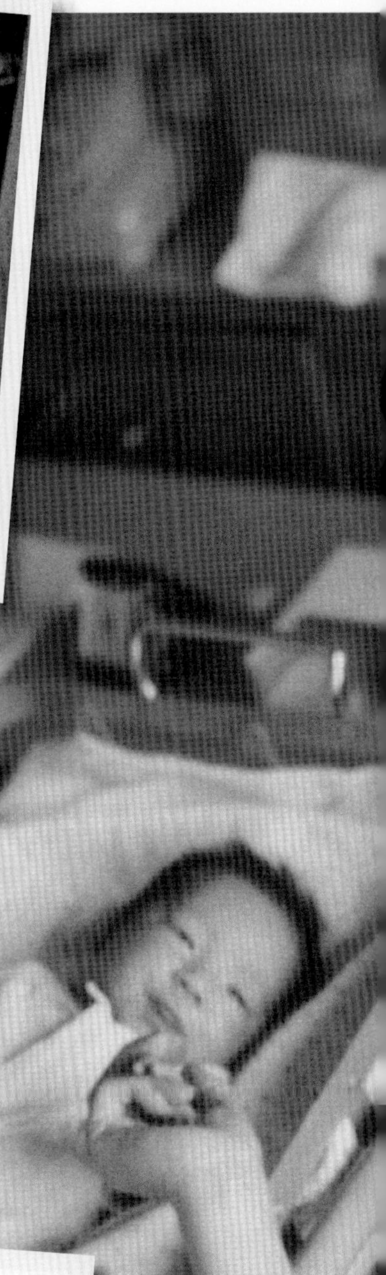

学生時代はまぁひどいいじめられ方でした。
だから護身術で必要以上に三枚目、どころか**四枚目**くらいになって、
ヘラヘラとバカなことばっかり言ってました。
ですからそれが**性格**になっちゃってますね、今でも（笑）。

つらかったことは、あまりないですね。あってもすぐに忘れちゃう。
人間の**特権**に**忘却**があるって言いますからね。

趣味は**昼寝、怠ける**こと、**日向**ぼっこ、犬ののみとり……
そんなとこかしらね。

——月丘夢路

女優、母、妻としての月丘夢路 2

文　井上絵美

幻のヌード

滝沢英輔監督『白夜の妖女』(1957年)は、母にとって印象深い作品のひとつだったようです。泉鏡花の幻想小説『高野聖』を映画化したもので、母が演じたのは旅人を誘惑する妖艶な美女役です。

この映画は、日活では初期のカラー作品で、照明やメイクなどもこれまで通りとはいかず、撮影はかなり大変だったと聞きます。ただ、そうやって監督やスタッフ、俳優陣が力を合わせて取り組むことにはやりがいもあったのではないでしょうか。

この映画には入浴シーンがあり、滝沢監督は、岩風呂から上がり、霧の中に消えていく裸の後ろ姿がどうしても欲しいと母に相談したそうです。当時は、今のように裸のシーンが自然に出てくるような映画はほとんどありませんでしたが、「カメラマン以外はみんなセットから出ます」と監督から懇願され、映画のためならと承諾。監督とカメラ、照明係の3人だけで撮影しました。ところが映画の編集前に映像をチェックした当時、日活の専務だった江守清樹郎さんが「月丘夢路を裸にしてまでゼニをもうけたくない!」と激怒して、そのシーンのフィルムは母の手元に。スクリプター(記録係)の女性が「桃が2つ、お水から上がっていったみたいで、きれいでしたよ」と言ってくれたと当時を振り返って笑って語っていましたから、本人としては残念な気持ちも少しはあったのかもしれません。

江守専務は、俳優の発掘から映画の製作まで熱心に取り組み、日活の全盛期を支えた人物です。そんな方が、自分のことを大切に思ってくれていることにはとても感謝していました。

この作品はのちにベルリン映画祭に出品。江守専務と母、それから父も映画祭に出席し、その後父と母は2人でパリへと向かったそうです。フランスの映画会社が手配してくれたのは、パリの名門ホテル、ジョルジュ・サンクの一番広いスイート。母は大よろこびしたのですが、遅れてパリにやってきた江守専務はそれを見て、びっくり。当時は円が安かったこともあるのでしょうか。鶴の一声で、安いホテルに引っ越したそうです。

次はスイスに向かうことが決まっていたそうで、母はパリ在住の岸恵子さんの案内で防寒用に革のコートを購入しましたが、またしても江守専務が「スイス行きは止めようや!」ということで中止。さらに予定した香港では、天候不良などから旅程が遅れていたこともあり空港で飛行機を乗り換えただけ。母はずいぶんとがっかりしたようです。

江守さんが亡くなられた時に、母はこんな文章を寄せていました。「江守さん、いずれそのうちお会いできるでしょう。その時はそちらの国の旅行に連れて行ってくださいな。今度はあまりケチなことを言わないで、ゴージャスな旅としゃれこんで、浮世のウサをはらしましょう。楽しみにしています」

今頃、ゴージャスな旅が実現しているのかもしれません。

母の仕事、娘の仕事

母の人生で多くの時間を過ごしたのは撮影所でした。1年に11本の映画に出演した年などは365日、撮影所と自宅の行き来だけだったそうです。私が生まれてからは仕事をやや控えたと言っていましたが、朝早く家を出て、夜遅く帰ってきますから、1、2ヵ月姿を見ないこともよくありました。

ある時は夜遅くに帰ってくる母にひと目会いたくて、玄関から母の寝室までのドアすべてに「帰ってきたら起こしてね」と貼り紙をしたこともありました。友人の家に行くと、いつもお母さんが家にいて、遊びに行くと焼き上がったお菓子を紅茶と一緒に出してくれたり、時には夕食に招いてくれたり。わが家にはない光景だったので、とてもうらやましかった。

そのせいか、私はずいぶんとわがままばかり言っては困らせていたようです。私は小学校は慶應義塾幼稚舎に入学したのですが、入学式に母の姿を探すと代理のお手伝いさんと運転手さん。それを見たクラスの男の子たちからあれこれからかわれたりして、1週間で登校拒否。幼稚園はカトリック系だった私は母に「あそこには神様がいない」と泣きついたのです。母は「我慢しなさい」とは一切言わず、すぐに聖心女子学院に転校の手続きをとってくれました。今、思えばさすがの行動力です。晴れて転校し、私が学校からバスで初めて帰宅する時、母が学校まで迎えに来てくれました。

「いい？　ママがやるようにするのよ。ついていらっしゃい」

バスが来ると、母は颯爽と乗り込み後方へ。私も後に続きました。空いている席に座ろうとすると、前方から車掌さんの声。

「あのー、バス代、払ってくださいよー」

母もバスに乗るのはこの時が初めてだったのかもしれません。

私にとって「母の味」は、学校に迎えに来る車の中で食べた缶の中のお菓子です。後部座席に缶を用意しておいてくれて、その中に豊島屋の鳩サブレーや泉屋のクッキー、森永製菓のキャラメルなどが日替わりで用意されていたのです。缶を開けてハワイのマカデミアナッツチョコレートだった日はガッツポーズ。姿は見えなくても母は十分な愛情を示してくれていたので、寂しいと思うことはありましたが、心は安泰でした。

「男でも女でも仕事をしている姿が一番美しい」

母はよくそう言っていましたし、実際、女性が仕事を持つことも心から応援していました。女性も社会とつながっていることで新たな視野が広がり、生きがいにもなります。結婚後も仕事を続けることが、夫の仕事の理解につながるとも言っていました。

私が大学卒業後、フランスにある全寮制の調理師学校に入るかどうかで迷っていた時も「1年遅く生まれてきたと思えばなんでもないじゃない」と背中を押してくれたのは母です。何事も、やらないで後悔するくらいならやればいい。母の考えの根底には常にその考えがあったように思います。

私にとって、フランスへの料理留学はとても貴重な経験になりました。そして最終的に料理家として今の仕事についたのは、母がそうでなかった分、料理を作る女性に幼い頃から憧れていたことも理由のひとつです。私のその話を雑誌の記事で読んだ母はひと言。

「ムフフフ。してやったり。反面教師の極みだわよ」と笑って語ったそうです。

料理は苦手

母にとって料理とは、待っていればテーブルに出てくるもの。どんなにお腹が空いても、自分で何かを作るという発想はないので、キッチンに近寄ろうとも、冷蔵庫を開けようとも、ほとんどしませんでした。一人でお腹がすいた時に母ができることと言えば、バナナの皮をむくことくらいだったでしょうか。

そんな母に、料理を手伝ってもらおうとしたことがあります。

知人を招いての夕食会の日、料理の準備が私一人では間に合いそうになく、猫の手も借りたいほど焦っていたのです。私は、近くにいた母に声をかけました。

「そこにある長ねぎを小口切りにしてくれる?」

うなずいた母は右手に包丁を持ち、長ねぎをまな板の上に置きました。大丈夫です。合っています。

ゆっくりと右手で包丁を持ち上げたその時、何が起こったか。包丁を持ち上げると同時に、長ねぎを押さえておくべき左手が左へ移動しました。包丁の下には何もありません。母は包丁を握り締めたまままな板をジーっと見つめています。再び包丁が動き出す気配はありません。これが私の母? 失神しそうになりました。

そんな母が自らエプロンをつけてキッチンをウロウロしていたのは、私の結婚前にはじめて夫を家に連れてくるという日でした。

「今晩はすき焼きにしましょう。美味しいお肉を用意したのよっ」

高らかに宣言した母は、父と私、そして夫が囲む食卓ですき焼きを作り始めました。

材料を切ってきれいに並べたのはお手伝いさんでしょう。鍋を火にかけて、慣れた手つきでお肉を鍋に入れていきます。私たち三人は器で卵を溶き、母が取り分けてくれた肉を食べました。

シーン。三人とも無言。味がない……。一瞬、父と目が合いました。

「これはすき焼きか?」目で語りかけます。

遅れて席についた母も食べました。

「あら、どうしたのかしら? いつもとゼンゼン違うわっ!」

慌てて母がお手伝いさんを呼びに出て行ったあと、父がそっとこう言いました。

「すき焼きを作るの、今日が初めてなのだと思う。お店で仲居さんが作るのを見ているから、それを真似してやったんだ。女優だから、そこはウマい」

10年後にその時のことを思い出した夫は「人生であんなにまずいすき焼きは食べたことがなかった。残そうかと思ったが、あのシチュエーションでは残せるはずもない。一体この家はどんな家なのかと仰天した」と笑っていました。

母と映画で何度も共演した三橋達也さんも

「撮影所の楽屋にフライパンを持ち込んで、できそこないの餃子をごちそうしてくれた」

と楽しげに書いていらっしゃいました。できそこないでも、きっとその場は明るい空気に包まれていたのでしょう。

三枚目キャラ

「暑くてもうダメ、チンジャオロース（死んじゃう）」「猫に小判、じゃなくてコンバンワ」「燃えるシタゴコロ」「〇〇ちゃんに100回よろしくネッ！」これらは、母の口からこぼれ出てきた愉快なセリフの一部です。

実は母は、超ド級の三枚目キャラ。外見からは想像できないほど面白い人でした。「しくじった」「バレたか」「ズラカロウゼ」などと独特の言い回しでいつも周囲の人たちを笑わせていました。洞察力が鋭くモノマネも上手で、アメリカの人気ドラマ『24-TWENTY FOUR』のジャック・バウアーや優秀な分析官クロエのしかめっ面は毎回、爆笑もの。矢沢永吉さんが歌っている姿をそっくりに演じてみせてくれることもありました。

だけど生まれつき三枚目キャラだったわけではありません。母が三枚目キャラに転じたのは、宝塚時代に遡ります。当時、大先輩だった春日野八千代さんの相手役に抜擢されるなど目立つ存在だった母は、中傷されたり、意地悪をされたりすることがたびたびあったようです。自ら深く語ることはありませんでしたが、「ツンとしているといじめられるから、自分の身を守るために冗談ばかり言っていたら、それがいつの間にか性格になってしまった」と何かのインタビューで答えていました。

同級生で仲の良かった越路吹雪さんからは「ツメ（母の愛称）、そんなにヘラヘラ笑って三枚目ばかりやっていないで、あなたみたいな人はすまして何も言わずにいて、時々、気の利いたことを言って笑わせるくらいがいいのよ」と言われたこともあったそうです。母は周りを笑わせながら、自分自身をも笑わせていたのかもしれません。

母と初めて会う方は、どなたも実際に会うとあまりのギャップに驚かれます。もっととっつきにくい人だと思っていたとおっしゃるのです。生身の母は、気さくで、面白くて、ウイットに富んでいて、いつも相手の身になって話をする人でした。

一方の私は、人見知りの性格。どちらかと言うといつも母の後ろに隠れ、受け身で生きていました。幼い頃はそれでもよかったのですが、大学生になった頃、ある会食のあとで母から「何も話さないと、あなたがどういう子だかがわからないでしょう。おし黙っているだけだと面白くもおかしくもない。馬鹿に見える。しっかり自分の考えをもって話をしなさい」と言われたことがありました。「そんな女とデートしたってつまらないでしょう」まさにおっしゃる通りです。

何かのお礼状を書いて見せた時にも「こんな文章、杓子定規でつまらない。慇懃無礼だわ」と、はっきり言われました。「『ありがとうございました』なんて誰もが言うようなことより、ひと言でもいいから自分の気持ちを書いた方がよっぽど伝わるの。そこからお付き合いが深まることだって多いんだから」と。どちらも母らしい、そして私にとっては仕事をする上でも人間関係を築く上でも、とても役に立つアドバイスでした。

そんな母が私の結婚披露宴で、新婦の母親として最後列の席に座った時にひと言。

「こんな末席、生まれて初めて。何も見えないじゃない！」

母らしいユーモアに、周りの人たちは大笑い。最後まで頭はシャープで適確で、時々びっくりするほど天然なのか本心なのかわからないことを言い、面白い毒舌をたくさん吐いていました。

「きれいづくり」はほどほどでいい

女優らしからぬ、という意味では、美容にも無頓着でした。日焼け止めクリームは私が用意すればつける、という程度で、帽子はよくかぶっていましたが、日焼けを気にしてではなく、単に帽子が好きだったからでしょう。化粧品も気に入って使っているものはありましたが固執することはなく、あれこれ自分で試していいものを探すという貪欲さとも無縁で、私が買ってきたもので十分満足していました。エステへは私の方がよっぽど行くくらい。だけど身体のマッサージは好きで、週に2～3回自宅に来てもらっていました。

ダイエットにも興味がなく、食べることが大好き。「女優業は肉体労働なんだから食べないと」とよく言っていました。会食でも「ものすごくよく食べますね」と同席した人に驚かれるほど。どちらかと言えば、和食より洋食が好きで、朝もパン。「バターは塗るんじゃなくて、載せるのよ」と言っていましたから、カロリーはまったく気にしていなかったのでしょう。

そんな母にある時、大きな災難がふりかかりました。深夜ロケの帰り道、母の乗った車が一時停止を無視した車と衝突。車は大破し住み込みの運転手さんは明け方、病院で亡くなり、後部座席の母はぶつかった衝撃で前方に投げ出され、フロントガラスで顔を切り、39針も縫うほどのケガをしたのです。退院してようやく家に戻ってきた母の頭と顔には大きな包帯が巻かれていました。小学生だった私が母のことを不安そうに見つめると、いつも通りの明るい笑顔。傷が残って女優の仕事ができなくなるかもしれないというのに、やはり母は太陽です。「類稀なる美貌」と形容されることもありましたが、いつも自然体で、それを鼻にかけるようなところは生涯ありませんでした。だからあの時も平然としていられたのだと思います。それ以降も、母が泣き言を漏らしたことはありません。

それほど我慢強い母が、「痛い」と脂汗を浮かべてエビのように体を丸めてうずくまってしまったことがありました。私がフランスへの料理留学から帰国し、すっかりフランスかぶれして日本の調味料を切り捨て、毎日のように生クリームやバターたっぷりの料理を作っては母に食べさせていた頃です。その日は、厚切りベーコンを焼いた脂で作ったスクランブルエッグを食べた直後でした。検査の結果、胆嚢に石ができていることがわかり、手術で取り除くことになりました。私が毎日作っていた料理のせいかもしれないと思い、病室に戻った母に、そのことを詫びると「帝王切開、交通事故、こんなの屁でもないわよ。屁のカッパ！」と言い放ちました。娘の私から見ても惚れ惚れするような心意気でした。

美容やダイエットには拘らなかった母ですが、ファッションは楽しんでいました。エルメスのバッグやスカーフ、ブルガリの時計、ロロ・ピアーナのジャケット、ジル サンダーのストールなど気に入って使っていたものもたくさんあります。そんな母が「流行」についてこんなふうに書いていました。

「流行にその人が殺されるってことは一番つまらないこと、いけないことだと思いますの。自分の個性をつかんだら、それをうんと強調して、それを常に押し出していくべきじゃないでしょうか。個性のはっきりしない人は魅力がないと思います」

なんとも母らしい文章です。

MEMORIES

思い出を語る品

母の思い出の品を少しご紹介します。
長く愛用したものや、女優としての足跡がわかるもの、好物などなど。
改めてじっくり眺めてみると、母の人となりが本当によく分かります。

Hermes "Jacket"

エルメスのジャケット

これを着ては「学校の先生みたいでしょ」とおどけていた、シンプルなジャケット。黒に近いチャコールグレーで、下に合わせるのはシルクのブラウスやタートルネックセーター、同ブランドのスカーフなど。どんなシーンにも合うお気に入りの1着でした。

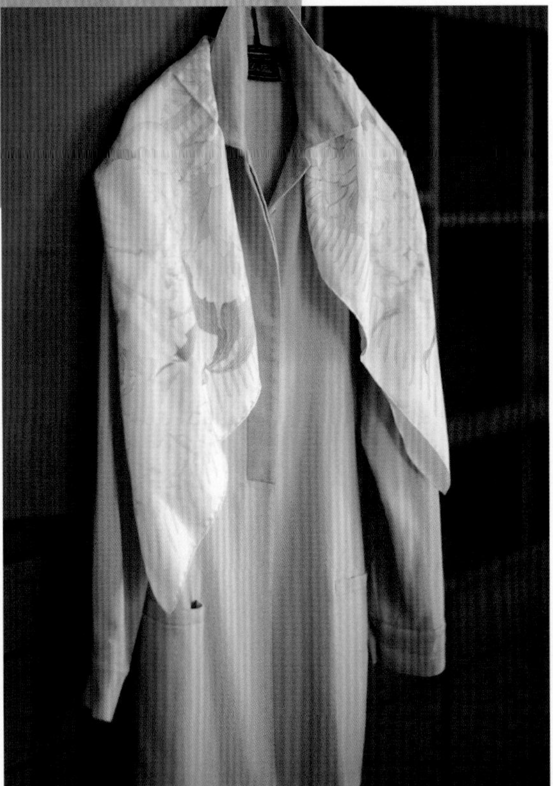

CHANNEL "Ensemble Knit"

シャネルのアンサンブルニット

衣服はとにかく肌触りのいいものにこだわっていた母。淡いパステルカラーのこのセーターとカーディガンはカシミアでとても柔らかく、好んで合わせていました。

Loro Piana "Long Jacket"

ロロピアーナのロングジャケット

カシミアで肌触りがよく、軽い羽織りとして愛用していたロングジャケット。特に桜が咲く時期になるとよく着ていました。ハワイ滞在中は冷房の効きすぎる場所が多いため、このジャケットが重宝。色違いで黄色も持っていました。

Hermes "Bags"

エルメスのバッグ

普段も仕事の時でも、どちらかというとモノトーンを身につけることが多かった母。特にバッグはエルメスの黒と決めていて、装いごとに形を変えて楽しんでいました。晩年は小さく軽いものを選ぶように。

Hermes "Bag"

エルメスのバッグ

母が20代から愛用していたもので、ある映画では小道具として登場したことも。購入当初はショルダータイプでしたが、年齢とともに使わなくなりしまい込んでいました。20年ほど前に私がエルメスにお願いし、持ち手を短く色もボルドーに手直し。母も再びお気に入りの1点になりました。

CHANNEL "Necklace & Earring"

シャネルの ネックレスとイヤリング

母を「東京のお母さん」と慕ってくださっていた西城秀樹さんからの贈り物で、帝国ホテル内のシャネルで一緒に選んだ思い出の品です。南洋バロック真珠を模したアクセサリーで、パーティーなどで愛用していました。

Patek Philippe "Watch"

パテック・フィリップの腕時計

80年ほど前に購入しずっと愛用していたもの。シンプルなデザインで古さを感じさせず、どんな服にもよく合わせていました。

Ring of Topaz

トパーズの指輪

私の誕生祝いに石原裕次郎さんからいただいたルース（裸石）を、私の誕生石なので指輪に。朱色の三段引き出しは、母が独身時代から大切に持っていた小物入れです。

BVLGARI "Watch & Jewelry"

ブルガリの時計・ブレスレット・指輪

母は流行を追いかけるということはせず、自分の目利きで厳選し、長く愛用する人でした。「ブルガリ」がまだ日本に出店していなかったころに、ニューヨークとミラノで買い求めたものです。

Monotone stole

モノトーンのストール

誕生日プレゼントでお友達にいただき、レース部分の透け感やシルクカシミアの風合いも母好みだったようです。バッグ同様、モノトーンが好きな母はこのストールもお気に入りで、これを付けた写真が多く残っています。

JIL SANDER "Stoles"

ジルサンダーのストール

髙橋真梨子さんご夫妻からの毎年の贈り物です。肩に掛けたりコートやジャケットの首元に付けたり。1年中身に付けていました。

HERMES "Scarves"

エルメスのスカーフ

モノトーンの服に差し色としてよく愛用していたのが「エルメス」のスカーフ。「昔のものは生地がしっかりしていて好き」とヴィンテージを大切にして。共演した方へのプレゼントでもよく選んでいました。

ストマンカラー総天然色
日活スコープ
夜の牙
きば
丘夢路
日活
Yume
(Dre
夢
DREAM
YUME
路會 會報
Columbia
RECORD
Columbia
近代映画
1949
5月号
Columbia
ON COLUMBIA CO., LTD

Memories such as posters

映画ポスター、レコード、ファンクラブ会員誌など

母の持ち物を整理していてでてきた、芸能生活を象徴する品々。私も知らないものがたくさんあり、時折出しては読み耽ってしまいます。

2017
Holidays and Observances

Season's Greetings

SEASON'S GREETINGS

2014
TWO THOUSAND FOURTEEN

from all of us

Season's Greetings

Season's Greetings

SEASON'S GREETINGS

Peace on Earth

Season's Greetings

Warmest Wishes for the Holiday Season

Happy Holidays

Greetings

HOLIDAY GREETINGS
Yumeji Tsukioka

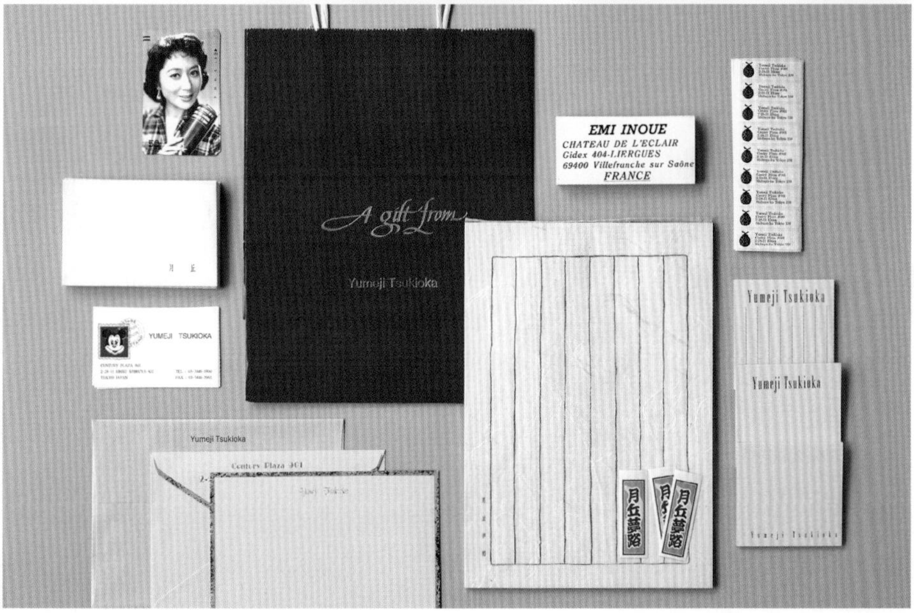

Original stationery

名前入りの文具類

海外に旅行に行くと必ず文具店に寄り、何時間も売り場で眺めているほどの文具好きだった母。筆まめで自分の名前を入れた便せんや封筒、住所入りのシールなども作っていました。私のフランス留学時は、周りの人達も自分もすぐに手紙が出せるようにと寮の住所をシールにしてくれていました。

Christmas cards

オーダーしていたクリスマスカード

知り合いにクリスマスカードを贈るのが好きで、20年以上も続けていた習慣です。毎年アメリカのメーカーのものをデザインから選んで名前入りでオーダーしていました。色とりどりのデザインの中から、大切な人のことを思い浮かべて今年はどれにしようかと迷う、楽しそうな姿をよく見ていました。

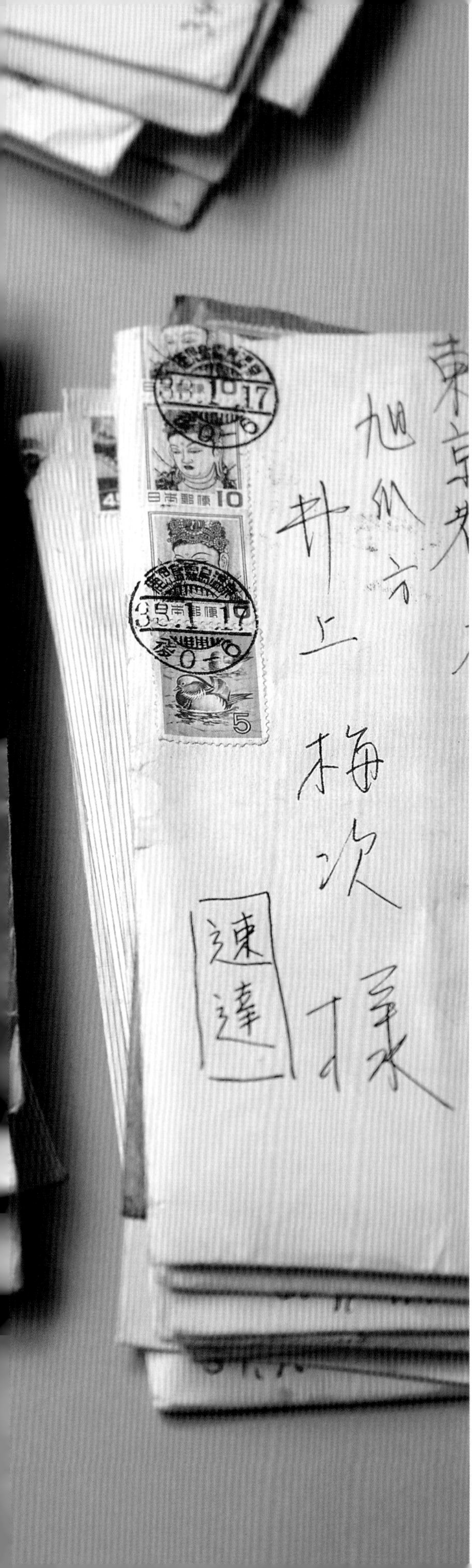

Parent's round-trip letters

父と母の往復書簡

母が鬼籍に入った後に見つかった、夫婦の往復書簡。戦後の映画黄金期に多忙を極めていた2人は、交際中も結婚した後も文通という形でお互いの近況を伝えあっていたようです。父の撮影中の定宿に送られているものも。

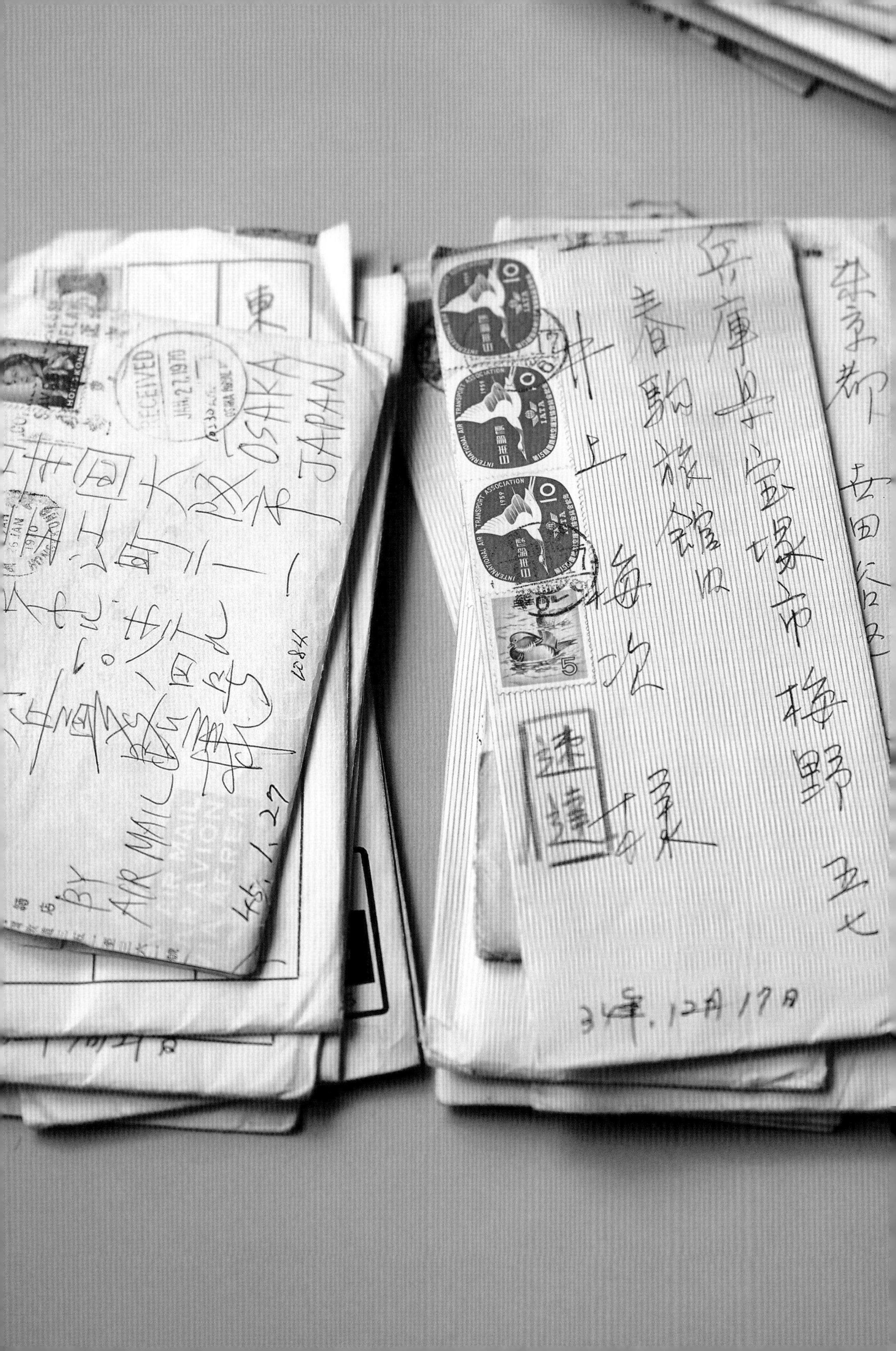
RECEIVED
OSAKA
JAPAN
BY AIR MAIL
INTERNATIONAL AIR TRANSPORT ASSOCIATION
IATA
1959
春駒旅館内
井上梅次様
速達

ジャニー喜多川さんからの「iPad」

長年親しかったジャニー喜多川さんから、お誕生日にいただいた「アップル」のiPad。すでにインターネットも契約済の状態でいただき、その心遣いに感謝していました。それ以来、写真の管理などに使い続け、初代は古くなって残念ながら処分。これは2代目です。

カシミアの手袋

年齢とともに手先足先が冷えるようになったのか、冬にはこの肌触りのいいカシミアの手袋を色違いで揃えて家の中でも身につけていました。

エルメスのティーカップ＆ソーサー

母の好きなブランドの1つだった「エルメス」。このアフリカシリーズのティーカップで濃いめのミルクティーをいただくのが毎朝のルーティンでした。朝は洋食派で、これにバターたっぷりのパン、卵、フルーツがお約束。

山田平安堂の欅カップ

このカップも軽さと持ちやすさが気に入りずっと愛用していたもの。淹れるお茶の種類によって3つを使い分けていました。

ポーラのB.Aクリーム

美容にはまったく無頓着であった母が珍しく続けて愛用していたクリーム。友人であったポーラの社長からいただいたのが初めで、「こんな高級なもの、私なんかが使ってもいいのかしら」という母の言葉には笑ってしまいました。

LA AMYSのブラウンのお皿

料理家になった私が20年ほど前に最初にデザインした「マリアージュ」という白色のシリーズのお皿で、母は特に気に入り愛用していました。母のお別れの会にも、こげ茶のものを特注して、裏に「月」と「yumeji」の文字をデザインしてもらい、みなさんへのお土産に。

山田平安堂の小さなお椀

カラフルで小ぶりのうるし碗は、見た目も好きで気に入って使っていた器です。もともと子ども用のようなのですが、少しずついろいろ食べたい母にはちょうどよい軽さとサイズだったようです。

デコラショングッズ

小さい頃から娘以上にかわいがっていた藤島ジュリーさんが、母の誕生日のたびにプレゼントしてくださっていたキラキラのデコグッズたち。「キラキラ好き♡」としょっ中手にとって眺めていました。

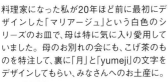

富麗華のフカヒレ姿煮

母は食べることが大好きで、ここと決めたらあまり浮気せず、とりわけ「富麗華」のフカヒレは長く愛した逸品です。友人知人を連れて行ってはこのフカヒレを食べさせるのが趣味。亡くなる直前もお世話になった看護師さん全員を連れていくと駄々をこねるほどでした。

銀座寿司幸本店のお寿司折詰

お店へ出向くこともよくありましたが、自宅に人を招く際に出張で来てもらい握っていただくこともしばしば。頻繁に外食をしなくなってからも、「あなたたちはお店で食べてらっしゃい。その間に作ってもらえばいいわ」と、母の好きなものだけを折詰にしてもらっていました。

虎の門 岡埜榮泉本店の豆大福

運転手さんをしょっちゅう買いに行かせていたほど大好きなお菓子。自分で食べるのはもちろん、手土産や舞台の楽屋差し入れなどにもよくこの大福を用意していました。予約をするか午前中に買いに行かないと売り切れてしまうこともある虎の門名物です。

ろく助の白塩

赤坂にあった「串焼き ろく助」も母がよく通ったお店の1つ。そこで出されていた塩があまりにもおいしく、自宅用に分けてもらっていました。今は商品として購入可能に。まったく料理をしない母が、テーブルでパラパラと振りかけて唯一“調味”していた一品です。

CONTRIBUTION

各界からの寄稿文

2017年9月25日、グランドハイアット東京にて「月丘夢路 お別れの会」が催されました。
この会のために制作された特別記念誌に寄せられた、各界16名の方々の寄稿文を、
ほぼ当時の原文のままで掲載させていただきます。

Eda Kenji

衆議院議員

江田憲司

往年の大女優、月丘夢路さんと私。どう糸をたぐっても人生が交差することなどなかったはずの「雲の上の存在」でしたが、私が42歳の時、一切の職を辞し「プータロー」になってハワイに滞在していた頃、たまたま知り合ったお嬢さんの井上絵美ご夫妻を通じて、何年か前から家族ぐるみのお付き合いが始まりました。そのうち、年末には、恒例の食事会にも誘って頂くようになりました。特に、私の二人の息子(現在、高1と小6)には目をかけて下さり、ご自身のお孫さんのように可愛がって頂きました。

風邪をこじらせ、体調がお悪いということで昨年末の食事会は欠席されたので、息子たちの写真付きのメッセージ(お陰様でこんなに大きくなりましたというご報告)をご病床にお届けしていた矢先の、突然のご逝去でした。

「母は江田さんのファンで、江田さんがテレビに出るたびに喜んで見ているんですよ!」お世辞とは言え、絵美さんからそういったお話を伺ったり、拙著を多数購入して配布して頂いたり、そのたびに、私自身も励みにもなり、実の母のように近しく思えてうれしくなったものです。

もっと長生きされて、そして、もっともっと何度もご一緒させて頂いて、一時代を画した方のご薫陶を、いや、その全身から滲み出すような「人生の深み」を感じていたかった……。

安らかにお眠り下さい。一家一同、心からご冥福をお祈り申し上げます。　合掌

大地真央

突然の訃報に接し、悲しみでいっぱいです。
宝塚、そして女優としても大先輩で、ミュージカル『マイ・フェア・レディ』で共演させていただいた時には、とても可愛がって下さり、温かく見守って下さっていた優しい笑顔が忘れられません。演じていらした欧州の女王様そのものの品格と、美しく立ち振る舞われるお姿を今でもはっきりと覚えております。公演が終わっても、素敵なお便りをくださいました。
もう、あのお声で「真央ちゃん!」と呼びかけて下さることがないのかと思うと、寂しい限りです。
心より、ご冥福をお祈り申し上げます。

藤島ジュリー景子

月丘夢路様　いつもオッキーと呼んでいたので、ここでもオッキーと呼ばせてください。
オッキーに初めてお会いしたのがいつだったのかわからないほど、小さな時から可愛がって頂きました。
抱っこしたり遊んでくださったりしたのは、クッキーこと妹の千秋さんでしたが、オッキーには美味しいレストランやオシャレなブティックへ連れて行って頂きました。ご一緒していると、華やかで美しい外見からは想像できないようなダジャレの連続で本当によく笑わせて頂きました。
大人になってからは、忙しくてお会い出来ない期間が暫くありましたが、88歳のお誕生会に娘と共にお招き頂いてから、再びご一緒する機会が増えたのは幸せでした。90歳を超えてもオシャレで美しく、常に周りに優しいオッキーを見ていると年齢を重ねることがとても素敵に思えました。
95歳のお誕生日をドレスアップしたオッキーとレストランでご一緒した際に、96歳のお誕生日もきっとお祝いできると思っていました。でも、年明けにご自宅の前を車で通った際、駐車場から出てくる救急車に胸騒ぎがしたところ、正しくはオッキーが緊急搬送されるところだったと後から知りました。
とはいえ、入院してもきっと又お元気に退院されると信じていたので、まさか自分がお見舞いに伺っている時に最期のお別れをすることになるとは思いもよりませんでした。
オッキー、今までありがとうございました。長きに渡り優しくして頂いたことを忘れません。
井上監督、クッキー、そして先にいらしたお友達と天国で美味しいお食事とダジャレで楽しく過ごしてください。心からご冥福をお祈り申し上げます。

Fujishima Julie Keiko

浜木綿子

お茶目でチャーミングな月丘さん。宝塚のずっと上級生ですが、私は「おねえちゃま」と呼ばせていただいていました。舞台で向かい合う時など、あまりにも端正なお顔立ちで、お姫様のような方なので、役を忘れて、ただただ見惚れてしまうほどでした。一昨年、娘様から「九十四歳の誕生日会にいらしていただけませんか」とお声をかけていただきました。思いもよらないお誘いに、胸が躍りました。

「また、おねえちゃまにお逢いできる。嬉しい！」

久し振りにお目にかかったおねえちゃまは、少し小さくなられたように感じましたが、髪を整え、素敵なお洋服をお召しになり、おしゃれなお姿は以前と全く変わらず、凛として、美しかったです。楽しく幸せなひと時を過ごさせていただき、帰り際に握手を交わし、お顔を近づけて、おねえちゃまが一言。「お元気でね」と。あの笑顔、手のぬくもりは忘れることができません。それが最後のお別れになろうとは。悲しく、寂しいです。毎年くださるクリスマスカードを楽しみにしておりましたが、これからは、記憶の中からさまざまなカードを想い出し、おねえちゃまと語り合います。お優しく可愛らしいお姿。忘れません。あの笑い声も。本当にありがとうございました。

おねえちゃま、又ね……。

Hayashi Mariko

林 真理子

お嬢さんの絵美さんと親しくさせていただいている関係から、月丘さんの別荘を譲っていただくことになった。
旧軽にあるそれは、山荘風の古いものであるが奥行きが驚くほどある。部屋もいくつもあり、風呂場も広かった。聞くとご主人の井上監督が、映画関係者との「合宿」に使ったものだという。その別荘は古き良き軽井沢と古き良き映画の時代の思い出がいっぱい詰まったものであったのだ。
そのことを申し上げると、月丘さんはとても嬉しそうに頷いてくださった。最後におめにかかったのは去年の夏のことであった。昔と変わらず美しく優雅なことこのうえない。そこにいらっしゃると映画の1シーンを見ているようであった。よく私の本を読んでくださっていたと聞いていたが、本当に光栄なことである。
何度かお誘いをいただいていたが、私の都合がつかず失礼をしてしまった。もっとおめにかかっていたら、昔のお話を聞く機会もあったろうと思うが、同時にあのオーラにおじけづいてしまったような気がする。
「銀幕のスター」という言葉が本当に似合う方であった。別荘は大切に使わせていただきます。

黒柳徹子

「徹子の部屋」に、二度も出て頂きました。あまりにお綺麗なのでびっくりしました。私にとっては映画スターでいらしたのに、「徹子の部屋」でユーモアたっぷりにお話になった時は、「えっ！？」というくらい驚きました。全く普通の話しかたで、気取ったところは全くなく、でも、お上品で、月丘流とでもいうのかユニークで何度も笑わせて下さいました。どこか、ハリウッドの女優さんみたいなところもあり、うっとりして、あっ！という間に時間が、たちました。

あと何度かお目にかかれると思っていたのに、突然のお知らせに、胸が痛くなりました。もっと沢山、お話を伺っておけばよかった。私たちに夢や憧れや、色々な事を教えて下さった月丘さん！　ありがとうございました。

宮沢洋一

参議院議員

世代が少しずれていたせいか、月丘夢路さんが出演された映画はほとんど観ていません。
唯一観た映画は『華麗なる一族』でした。初めてお目にかかったのは1982年の3月でした。丁度妻の佳代子と婚約中で、当時大蔵省に勤めていた私は、何とか仕事をやりくりして聖心女子大学の卒業式に出席しました。
式の後、講堂を出て歩いている時に出会ったのが夢路さんと絵美さんの母娘です。春の明るい光の中で、やっと色づいてきた淡い緑の中で、カンバスの中心で私の妻に手を振っていた。私も広島出身ということで、初めてにもかかわらず随分親しくお話をさせて頂きました。
数年前、ハワイで宇野さん御夫妻共々私の家族全員で夢路さんに中華料理をごちそうになりました。広島のことなどお話ししているうちに突然夢路さんが歌をうたい始めました。10代の少女の顔になって、母校広島高女の校歌を。
「春の丘多祀理の宮に　み船寄せいませし神の　明らけく浄く直けき……」
月丘夢路さん、大変お世話になりました。ご冥福をお祈り致します。

Miyazawa Yoichi

Mori Hanae

森 英恵

日本映画の全盛期に、映画衣装の仕事をたくさんさせていただきました。巨匠の監督や俳優さんたちから直接学ぶ貴重な機会を得たことは、デザイナーとして大きな財産でした。

日活では、何と言っても大女優は月丘夢路さん。宝塚の出身で、顔もからだも美しい、しかも華やかな雰囲気がありました。『東京の人』や『街燈』をはじめ、『夜の牙』など、ご主人の井上梅次監督の仕事でも、主演のコスチュームをさせていただきました。着映えがする方でした。月丘さんは自分をよく知っている人で、いつも個性のはっきりした役でしたから、キャラクターを強調する服作りや生地選びなどに、神経を使ったものです。

また服だけでなく、一越縮緬にゼブラ柄を染めたモダンな着物をデザインしたこともあります。月丘さんのためのその白黒の着物は、私も大好きで、自分用にも染めてパリ旅行に持参しました。彫刻家のジャコメッティ氏に会ったときに着たことを思い出します。素晴らしい作品を残され、幸せな人生だったと思います。

安らかにお眠りください。さびしいです。

中曽根弘文

参議院議員

正に日本を代表する大女優、「スター」でいらした月丘夢路様。
銀幕で大活躍されるお姿をファンとして拝見していましたが、その類い稀なる美貌で人々を魅了された存在の大きさは、私とは次元の違う世界の方とずっと思っておりました。
ですが宇野さんと私がある会でご一緒でしたり、絵美さんが家内の学校の後輩で家内が副会長を務める(社)アジア婦人友好会の慈善活動に協力して下さったりと、ご縁があり、夫婦の親しい友人のご母堂として思いがけず接する立場となりました。天空より舞い降りていらした大スターは、小柄で優しいお母様の井上明子様でしたが、一世を風靡された大女優の堂々とした風格を常にお持ちでした。
私も99歳の父がおり、子供同士会うと親の話題になりましたが、その会話から、月丘様が大変幸せに過ごされていることがよく分かりました。ご体調に合わせ最高のお料理を用意される絵美さんはもちろん、宇野さんを心から頼りにされ実の息子さんのように可愛がられる御家族の様子から、ご夫妻が献身的にお母様に尽くされ、国民的スターの日常をお支えになる姿に学ぶところが多々ありました。毎年暮れに三人で作られる素敵なカレンダー年賀状を頂き、今年も机上に飾っております。
「月丘夢路」と凜とした美しい字で書かれたサインを拝見する度、人の心を動かす偉業を遂げられ、大正・昭和・平成を見事に歩まれた女性の芯の強さを感じ、改めて敬意を表する次第です。
心よりご冥福をお祈り申し上げます。

仲代達矢

あれは何という作品だったのでしょうか、1955年頃、月丘さんの主演なさっていたラジオ番組で「ガヤ」の仕事をしていた時のことです。
当時、俳優座に入団したばかりの私たち役者の卵は、食べていくことだけでもままならず、少しでも生活の糧になればと、そうした街頭の雰囲気を出す「ガヤ」をやったりしていたのですが、私は劇団の芝居『幽霊』の関係で髪を脱色し金色にしていました。それが、たぶん不良っぽく見えたのでしょうね、月丘さんは、共演していた金子信雄さんに、「あの子、誰？」とお訊きになったそうです。どうやら次の映画のキャストで、そうした感じの若い俳優を探していたらしいんですね。そのあと、首実検というわけでもないでしょうが、私の出演している俳優座の芝居『幽霊』を見に来て下さって、『火の鳥』の出演へと繋がっていきました。私の本格的な映画デビューとなった作品です。
撮影現場では、月丘さんとのキスシーンもあり、私が震えていると、「ほら、しっかりしなさい！」と、お尻を叩かれたりしましたが、以来、月丘さんは私を映画界に導いてくれた恩人のようなもので、近くに住んでいらっしゃいましたが、とてもそちらへ足を向けては寝られない存在でした。
20年後、『華麗なる一族』でまた共演させていただきましたが、「母」と「息子」という役柄で身近な関係だったにも拘わらず、そうした思いは根強く変わりませんでした ね。
ご冥福を心よりお祈り申しあげます。

Nakadai Tatsuya

関口宏

月丘夢路さん。軽井沢がまた淋しくなりました。
ご主人の井上梅次監督とご一緒に、何度かお食事をさせていただいた夏の思い出が蘇りますが、月丘さんは私よりもむしろ、私の父(佐野周二)とのお仕事でのご縁が深かった方だったと思っています。その父が、「綺麗な人がデビューしたよ」と言って共演作品のスチール写真を見せてくれたのが月丘夢路さんでした。まだ幼かった私にも、その美貌は理解出来たように思いますが、それにも増して、「月丘夢路」というお名前に不思議なものを感じたことを覚えています。子供心にもどこかで、「綺麗な名前だな」と思ったのです。
そして今、その美しい「夢路」を辿られながら、ご主人のもとへ向かわれていらっしゃるのでしょう。
ご冥福を祈ります。

Sekiguchi Hiroshi

舘ひろし

月丘夢路さんのイメージは、牡丹か勺薬。フィルムの中やプライベートでお会いした時の華やかな印象です。

数年前に私は、ビールのコマーシャルに出演させて頂きました。映画『嵐を呼ぶ男』は、先代の石原裕次郎の代表作で、月丘さんのご主人の井上梅次監督の作品です。私はそのコマーシャルの中でドラムをたたき主題歌も歌うわけですが、その曲は井上監督の作詞だそうです。かれこれ60年近く前の作品ですが、奇抜というか、ちょっと過激な歌詞が入っていて、コマーシャルなのでそこは言葉を変えさせて頂きました。

それがきっかけで、紅白歌合戦やレコード大賞への出演、オーチャードホールやブルーノート東京でのコンサートなどの素晴らしい仕事にも繋がっていきました。そのコマーシャルを月丘さんがたいそう喜んで下さって、私とビールが写った大きなポスターを寝室に飾っていらしたと、娘の絵美さんから伺いました。

もうお会いできないのは寂しいですが、映画の中の月丘夢路さんは永遠に残ります。映画を観れば、いつでも月丘さんに会えます。ご冥福を心よりお祈りいたします。

高村正彦

前衆議院議員　前自民党副総裁

スクリーンの中と舞台でしか会えない憧れの女優、月丘夢路さんが私の選挙応援に来て下さる……「ありがたい」と心の底から感謝の思いが湧き上がった。
1980年6月、私の初めての選挙戦の最中、古い市民館で行われた決起大会の折、会場に入り、夢路さんをみつけた支援者の中からどよめきが起こった事を覚えています。
家内から聞いた話からですが、夢路さんにお会いして最初に「日の照る所での集会は困るのよ、女優に日焼けは禁物ですから」と釘を刺されたそうです。選挙中は地域、地域のお世話人が要、それでも家内はやっとの思いで「月丘夢路さんは日に当たるのは苦手だそうです」と伝えたものの相手にもされず、すべての会場は外、当然の事ですが、話を聞きに来て下さった方々は太陽を背にして立ち、夢路さんは太陽に向かって立たれる事になったそうです。泣かんばかりの家内に向かって夢路さんはニコッと笑いかけてくださり「月丘夢路です。私の先祖は山口県徳山市の湯野に住んでおりました。それがご縁で高村正彦さんの応援に参りました。若く有能な人材の高村正彦さんを是非宜しくお願いいたします」と仰ってから、集まった方々と丁寧に握手までしてくださったそうです。
夢路さんは徳山市(現在は周南市)湯野を治めていた堅田家(毛利家の重臣であり、近い遠籍)12代の孫にあたられるお姫様でございました。
1969年、当時徳山市長をしておりました私の父が12代・親正氏の没後50年祭を催行させて頂いた折、堅田家の縁者(夢路さんも千秋さんもご出席)が大集合された事は今でも地域の人々の語り種となっております。
親正氏は晩年、湯野の村長もして下さった方として未だに「少輔さん」と親しく語られております。思いがけないご縁から堅田家のお姫様のご支援を頂く事が出来て今日の私があるのだと、心から感謝申し上げております。
月丘夢路様のご冥福を心よりお祈り申し上げます。

髙橋真梨子

夢って不思議ですね　思い通りに事がはこぶ
夢って不思議ですね　いとしい人と愛を育む
例えられぬ闇と光　自由に飛んでゆく
出来るなら限りないまどろみ　揺れていたいのに
朝霧の夜明けにて　目覚め行く

13年前、作詞した『夢って』という作品です。もう夢路ママとは夢の中でしか逢えないのですね。

思い起こせば、二十数年程前に初めてお会いした時、緊張していた私を優しく微笑んで迎えてくれました。若い頃から、人付き合いが苦手で友人も少なく、初対面の席はいつも苦手でした。でも、そんな懸念を吹き飛ばしてくれたのは、夢路ママの明るい素敵な笑顔と優しい言葉でした。それ以来、家族ぐるみの付き合いをしていただいています。

ハワイでは同じマンションなので、ちょくちょく食卓を囲ませていただきました。ニューヨークのコンサートにもわざわざ観に来ていただき、愉しいひとときを過ごしたことも良い思い出です。絵美ちゃんも「真梨子姉！」と呼んでくれて一人っ子の私はちょっと嬉しい気分です。

カバーアルバムを作る際、選曲している中で、石原裕次郎さんの作品を取り上げようと思い、数ある名曲の中から、『鷲と鷹』(作詞 井上梅次氏)を選びました。そのことを夢路ママに告げたら、クスッと笑い、ちょっとはにかみ、ちょっと嬉しそうでした。

ここ数年は私の体調が芳しくなく、夢路ママは「真梨子ちゃん、ちゃんと食べてる?」といつも心配してくれていました。毎年、元日には井上家にお邪魔しておせちを頂き、楽しいひとときを過ごすことが恒例になっています。今年の元日も、夢路ママは元気でした。

私にとって夢路ママは、名女優・月丘夢路じゃなく優しい夢路ママです！

大宇宙の『月』になり、これからも私たちを見守ってくださいね。

都倉俊一

月丘さんに初めてお目にかかったのはもう何年前になりますか……、まだ僕が30代だったと思います。たしか渋谷区のご自宅に伺った時でした。月丘さんの全盛時代はまだ子供でしたが、お会いした時の第一印象は「美しい方だ」というものでした。娘の井上絵美さんがまだ聖心の学生でヨーロッパに料理の勉強に行くということで、母親として何となく心配のご様子でしたが、今の料理研究家としての絵美さんを見て安心していたようです。
御主人の巨匠、井上梅次監督の映画『暗号名 黒猫を追え!』の音楽を僕が担当すると決まった時も大変喜んでくださいました。
そうたびたびお会いすることはありませんでしたが、私の誕生日にはいつもお花を贈ってくださいました。
「もっともっとお会いしたかった」それが今の僕の気持ちです。
天国で井上監督と楽しくお過ごしください。
合掌。

Tokura Shunichi

芳村真理

芸能界と人生両方の大先輩・月丘夢路さんと私が初めてご一緒させて頂いたのは、今から55年前、関西テレビで6か月間オンエアされた山崎豊子原作の連続ドラマ『女の勲章』での共演でした。当時、東京～大阪間には便利な真夜中の全日空便があって、月丘さんも私も羽田から同じ飛行機で大阪のスタジオ入りして収録後はホテルも同じ。乙羽信子さん、越路吹雪さんが宝塚の同期という大大女優の気取らない一挙手一投足を間近で垣間見る幸運にも恵まれました。

テレビといえば『女の勲章』とほぼ同時期、NHKが放送したアメリカ映画の日本語版に月丘さんを起用。その時の担当ディレクターが、何と私の兄嫁（芳村陽子）だったことが今回判明したのです。番組はロレッタ・ヤング出演の『ママと7人の子どもたち』。ママ役の月丘さんはもちろん初めての吹き替え。兄嫁も大女優の引っ張り出しに苦労したことでしょうが、いずれも淡々と処理して数十年。どちらも〝プロフェッショナル〟なのでしょう。

月丘さんのお嬢さんで料理研究家であり、青山で料理教室と素敵なレストランを主宰している絵美さんとも長いお付き合い。先日は、私を元気付けるディナーの会を開いてくださいました。今度はこちらが励ます番。楽しい会をぜひ企画しましょう！

直筆で書き遺した想い

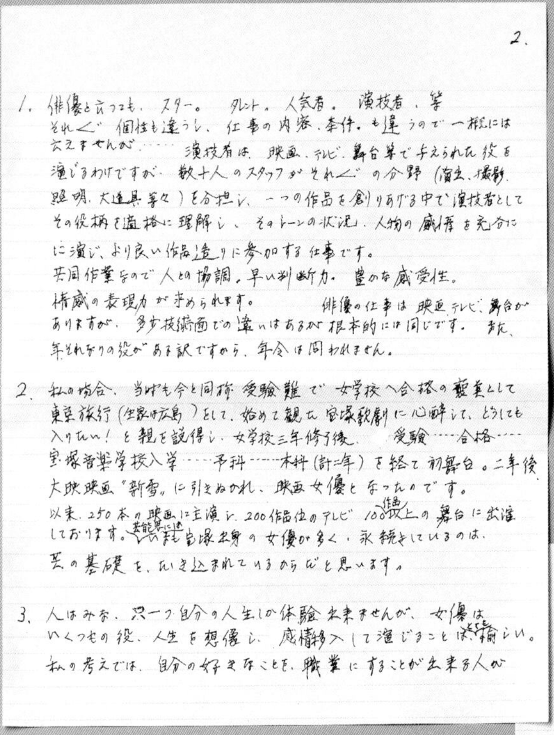
2.

1. 俳優と云っても、スター。 タレント。 人気者。 演技者、等
それぞれ 個性も違うし、仕事の内容、条件、も違うので一概には
云えませんが…… 演技者は、映画、テレビ、舞台等で与えられた役を
演じるわけですが、数十人のスタッフがそれぞれの分野（演出、撮影、
照明、大道具等々）を分担し、一つの作品を創りあげる中で演技者として
その役柄を適格に理解し、そのシーンの状況、人物の感情を充分に
に演じ、より良い作品造りに参加する仕事です。
共同作業なので人との協調、早い判断力、豊かな感受性。
情感の表現力が求められます。 俳優の仕事は映画、テレビ、舞台が
ありますが、多少技術面での違いはあるが根本的には同じです。 また、
年それなりの役がある訳ですから、年令は問われません。

2. 私の場合、当時も今と同様受験難で女学校へ合格の褒美として
東京旅行（生家は広島）をして、始めて観た宝塚歌劇に心酔して、どうしても
入りたい！と親を説得し、女学校三年修了後、 受験……合格……
宝塚音楽学校入学……予科……本科（計二年）を経て初舞台。二年後
大映映画"新雪"に引きぬかれ、映画女優となったのです。
以来、250本の映画に主演し、200作品位のテレビ 100作品以上の舞台に出演
しております。芸能界にはいまも宝塚出身の女優が多く、永続きしているのは、
芸の基礎を、たたき込まれているからだと思います。

3. 人はみな、只一つ自分の人生しか体験出来ませんが、女優は
いくつもの役、人生を想像し、感情移入して演じることはとても愉しい。
私の考えでは、自分の好きなことを、職業にすることが出来る人が

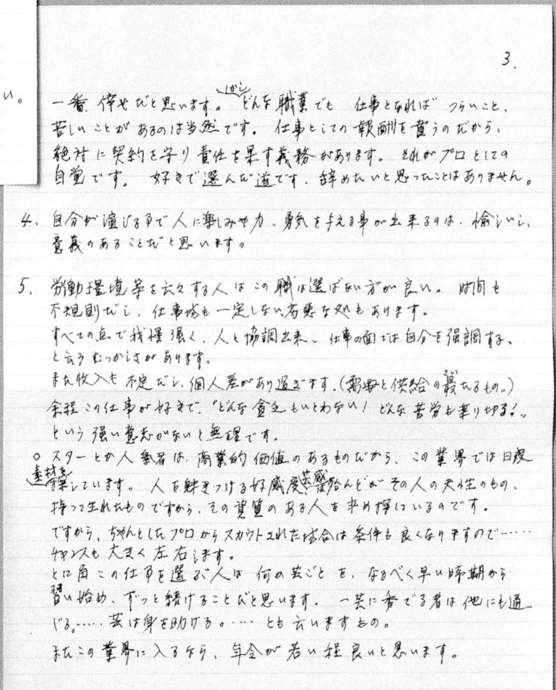
3.

一番、倖せだと思います。しかし どんな職業でも 仕事となれば つらいこと、
苦しいことがあるのは当然です。仕事としての報酬を貰うのだから、
絶対に契約を守り責任を果す義務があります。それがプロとしての
自覚です。 好きで選んだ道です、辞めたいと思ったことはありません。

4. 自分が演じる事で人に楽しみや力、勇気を与える事が出来るのは、愉しいし、
意義のあることだと思います。

5. 労働環境等を云々する人はこの職は選ばない方が良い。 時間も
不規則だし、仕事場も一定しない、劣悪な処もあります。
すべての点で我慢強く、人と協調出来、仕事の面では自分を強調する。
と云うむつかしさがあります。
また収入も不定だし、個人差があり過ぎます。（需要と供給の最《さい》たるもの。）
余程この仕事が好きで、"どんな貧乏もいとわない！ どんな苦労も乗り切る！"
という強い意志がないと無理です。
○ スターとか人気者は、商業的価値のあるものだから、この業界では日夜
素材を探しています。 人を魅きつける好感度、芸感、殆んどがその人の天性のもの、
持って生れたものですから、その資質のある人を求め探しているのです。
ですから、ちゃんとしたプロからスカウトされた場合は条件も良くなりますので……
チャンスも大きく左右します。
とに角この仕事を選ぶ人は 何か芸ごと を、なるべく早い時期から
習い始め、ずっと続けることだと思います。 一芸に秀でる者は他にも通
じる……芸は身を助ける。…… とも云いますもの。
またこの業界に入るなら、年令が若い程良いと思います。

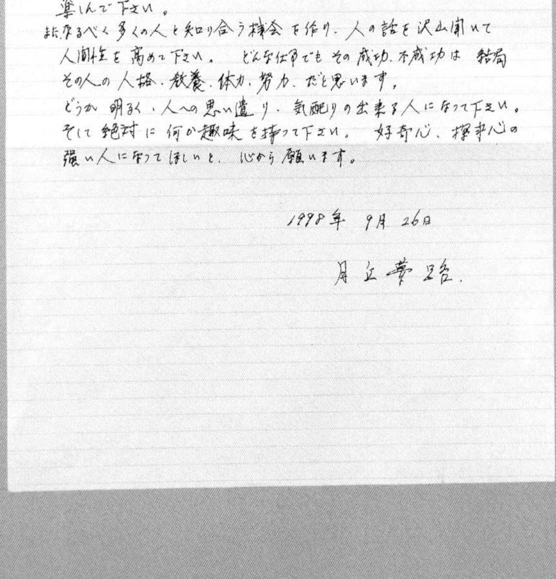
4.

6. 今どきの若い者は……とよく云われますが、 しっかりした人も
なかなか多いと思います。 昔の自分を振りかえり、例えば
こんなアンケートをとり将来の進路に備える。 なんてことは 皆無
だったと感心します。 自分の若い時は全く気はきませんが、
若さ程素晴らしく、貴重なものはありません。
その素晴らしい刻《とき》を大事に、大切にして……大いに学び、大いに
楽しんで下さい。
また、なるべく多くの人と知り合う機会を作り、人の話を沢山聞いて
人間性を高めて下さい。 どんな仕事でもその成功、不成功は 結局
その人の人格、教養、体力、努力、だと思います。
どうか明るく、人への思い遣り、気配りの出来る人になって下さい。
そして絶対に何か趣味を持って下さい。 好奇心、探求心の
強い人になってほしいと、心から願います。

1998年 9月 26日

月丘夢路

筆まめな母は、ことあるごとに手紙や手記として文章を遺しています。これは学生さんからのアンケート取材のようで、「俳優業とは」などの質問に本人の思いが書かれたもの。女優としてこんな風に考えていたのかと、知らなかった母の一面が垣間見えます。

1

俳優と言いつつも、スター。タレント。人気者。演技者、等。それぞれ個性も違うし、仕事の内容、条件も違うので一概には言えませんが……演技者は、映画、テレビ、舞台等で与えられた役を演じるわけですが、数十人のスタッフがそれぞれの分野（演出・撮影・照明・大道具等々）を分担し、一つの作品を創りあげる中で演技者としてその役柄を適確に理解し、そのシーンの状況、人物の感情を充分に演じ、より良い作品造りに参加する仕事です。
共同作業なので人との協調。早い判断力。豊かな感受性。情感の表現力が求められます。
俳優の仕事は映画、テレビ、舞台がありますが、多少技術面での違いはあるが根本的には同じです。また、年それなりの役がある訳ですから、年齢は問われません。

2

私の場合、当時も今と同様受験難で女学校へ合格の褒美として東京旅行（生家は広島）をして、初めて観た宝塚歌劇に心酔して、どうしても入りたい！　と親を説得し、女学校3年の時に、受験……合格……宝塚音楽学校入学……予科……本科（計2年）を経て初舞台。２年後、大映映画「新雪」に引き抜かれ、映画女優となったのです。
以来、250本の映画に出演し、200作品位のテレビ、100作品以上の舞台に出演しております。芸能界にはいまも宝塚出身の女優が多く、永続きしているのは、芸の基礎をたたき込まれているからだと思います。

3

人はみな、只一つ自分の人生しか体験出来ませんが、女優はいくつもの役、人生を想像し、感情移入して演じることはとても愉しい。
私の考えでは、自分の好きなことを、職業にすることが出来る人が一番幸せだと思います。しかしどんな職業でも仕事となればつらいこと、苦しいことがあるのは当然です。仕事としての報酬を貰うのだから、絶対に契約を守り責任を果たす義務があります。それがプロとしての自覚です。好きで選んだ道です。辞めたいと思ったことはありません。

4

自分が演じる事で人に楽しみや力、勇気を与える事が出来るのは、幸せだし、意義のあることだと思います。

5

労働環境等を云々する人はこの職は選ばないほうが良い。時間も不規則だし、仕事域も一定しない劣悪な処もあります。
すべての点で我慢強く、人と協調出来、仕事の面では自分を強調する、という難しさがあります。
また収入も不定だし、個人差があり過ぎます（需要と供給の最たるもの）。余程この仕事が好きで、「どんな貧乏もいとわない！　どんな苦労も乗り切る！」という強い意志がないと無理です。
スターとか人気者は、商業的価値のあるものだから、この業界では日夜素材を探しています。人を惹きつける好感度、芸感は殆どがその人の天性のもの、持って生まれたものですから、その資質のある人を求め探しているのです。
ですから、ちゃんとしたプロからスカウトされた場合は条件も良くなりますので……チャンスも大きく左右します。
とにかくこの仕事を選ぶ人は何か芸事をなるべく早い時期から習い始め、ずっと続けることだと思います。一芸に秀でる者は他にも通じる。……芸は身を助ける。……とも言いますもの。
またこの業界に入るなら、年齢が若い程良いと思います。

6

今どきの若い者は……とよく言われますが、しっかりした人もなかなか多いと思います。昔の自分を振り返り、例えばこんなアンケートをとり将来の進路に備える。なんてことは皆無だったと感心します。自分の若い時は全く気付きませんが、若さ程素晴らしく、貴重なものはありません。
その素晴らしい刻《とき》を大事に、大切にして……大いに学び、大いに楽しんで下さい。
また、なるべく多くの人と知り合う機会を作り、人の話を沢山聞いて人間性を高めて下さい。どんな仕事でもその成功、不成功は結局その人の人格、教養、体力、努力だと思います。
どうか明るく、人への思い遣り、気配りの出来る人になって下さい。そして絶対に何か趣味を持って下さい。好奇心、探求心の強い人になってほしいと、心から願います。

＊基本は原文のまま、明らかな誤字のみ修正しています。

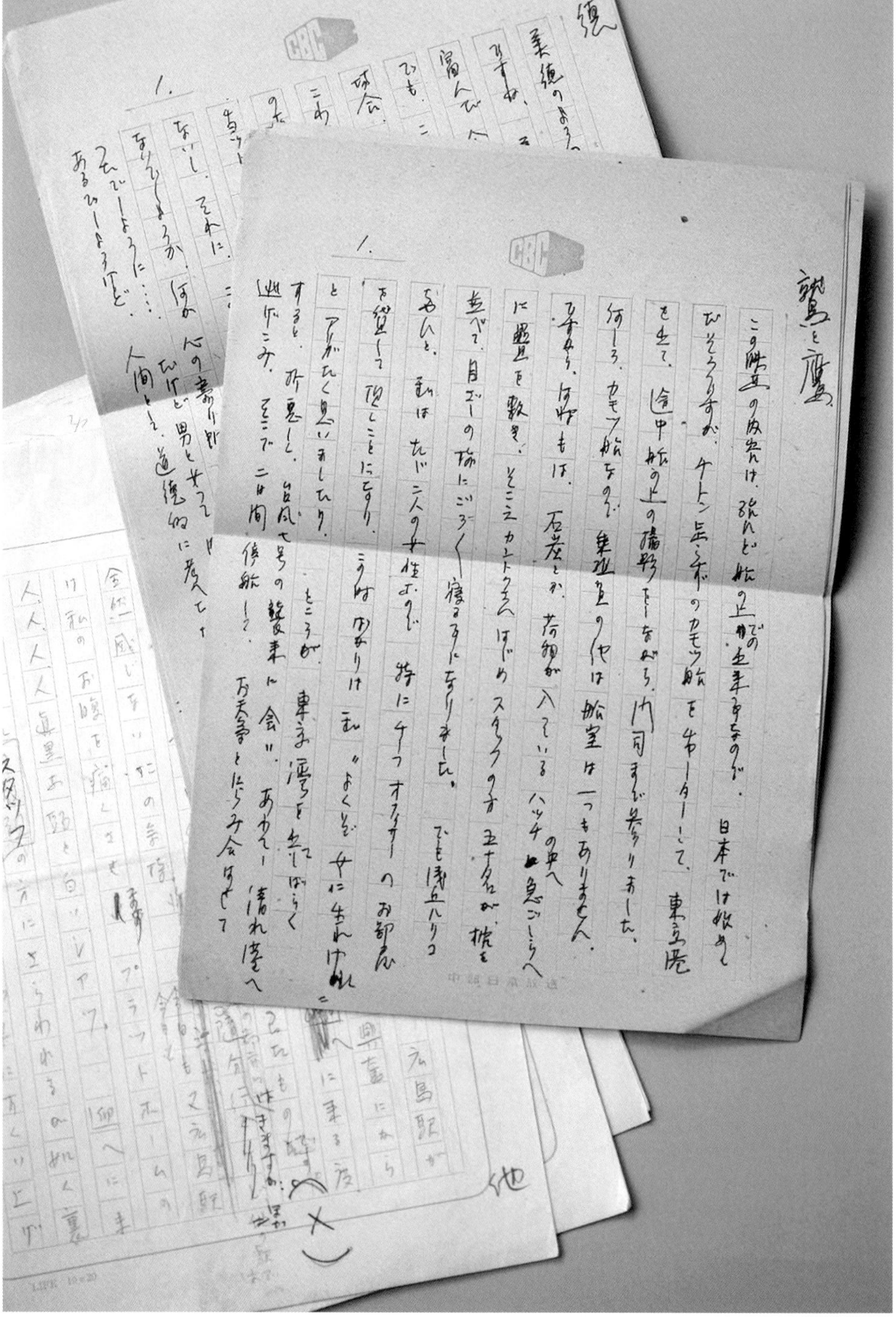

母が書き遺していた映画撮影時の手記。
日記のようなものから出演者やスタッフとのやり取りなど、当時の様子がよく分かります。

FILMOGRAPHY

月丘夢路のフィルモグラフィー

母が生涯に出演した映画は、分かるだけでも170本以上。
これに舞台やテレビの出演などもありますので、本当に膨大な数です。
敬意を表して、彼女のフィルモグラフィーをご紹介します。

年	作品名	映画会社	監督	出演者
1921年10月14日	広島県広島市生まれ。本名は井上明子（いのうえ・あきこ）、旧姓は旭爪（ひのつめ）。薬局を営む父・弥六と母・信子のもと、二男三女の長女として育つ。妹は女優の月丘千秋、月丘洋子。袋町尋常小学校を経て、広島県立広島第一高等女学校（現・広島県立広島皆実高等学校）在学中に宝塚少女歌劇団（現：宝塚歌劇団）の舞台を観て感激し、入団することを決意する。			
1937年	宝塚音楽歌劇学校に27期生として入学。同期に越路吹雪、乙羽信子、2級下に淡島千景らがいる。			
1939年	宝塚少女歌劇団生徒として初舞台。名前を「月丘夢路」とする。以降、その類稀な美貌で娘役スターとなり活躍。			
1940年	宝塚歌劇団在団中に宝塚映画『瞼の戦場』で映画デビュー。			
	瞼の戦場	宝塚映画	清瀬英次郎	二条宮子　山鳩くるみ　若本一郎
1941年	南十字星	宝塚映画	松井稔	園井恵子　藤原義江　東雲千鶴子
1942年	映画『新雪』で本格的な銀幕デビューを果たす。			
	新雪	大映	五所平之助	水島道太郎　高山徳右衛門　美鳩まり　武田サダ
1943年	宝塚歌劇団を退団。最終出演公演は花組公演『心の故郷／希望の泉』。その後大映に入社。			
	華やかなる幻想	大映	佐伯幸三	水島道太郎　千明明子　上山草人

我が家の風 —大映 —田中重雄 —高山徳右衛門　中田弘二　黒田記代

結婚命令 —大映 —沼波功雄 —中田弘二　眞山くみ子　藤原鶏太

出征前十二時間 —大映 —島耕二 —水島道太郎　高山徳右衛門　近松里子　五十川静江

1944年

モンペさん —大映 —田中重雄 —眞山くみ子　岡村文子　沢村貞子

父子櫻 —大映 —小石栄一 —水島道太郎　押本映治　久松玉城　齋藤紫香

ベンガルの嵐 —大映 —野淵昶 —羅門光三郎　宇佐美淳　小柴幹治

小太刀を使ふ女 —大映 —丸根賛太郎 —水谷八重子　原健作　原聖四郎

1945年

映画『別れも愉し』撮影中に終戦となる。

海の虎 —大映 —春原政久／伊賀山正徳 —小杉勇　若原雅夫　杉村春子

撃滅の歌 —松竹大船 —佐々木康 —高峰三枝子　轟夕起子　藤原義江

最後の帰郷 —大映 —田中重雄／吉村廉 —押本映治　佐伯秀男　鳴海浮　山田春夫

別れも愉し —大映 —田中重雄 —村田知栄子

1946年

明治の兄弟 —大映 —松田定次 —片岡千恵蔵　月形龍之介　原健作　阿部九州男

殴られたお殿様 —大映 —丸根賛太郎 —市川右太衛門　羅門光三郎　原健策　阿部九洲男

扉を開く女 —大映 —木村恵吾 —水谷八重子　月形龍之介　羅門光三郎　小柴幹治

街の野獣 —松竹京都 —小坂哲人 —佐分利信　水島道太郎　松浦築枝　藤輪欣司

満月城の歌合戦 —松竹京都 —マキノ雅弘 —小夜福子　轟夕起子　藤山一郎

1947年

松竹京都に移籍。

地獄の顔 ― 松竹京都 ― 大曾根辰夫 ― 水島道太郎 佐伯秀男 ディック・ミネ 木暮実千代

婦人警察官 ― 大映京都 ― 森一生 ― 小夜福子 轟夕起子 戸上城太郎

猿飛佐助忍術千一夜 ― 松竹京都 ― 沢田正平 ― 高田浩吉 柳家金語楼 田端義夫

バラ屋敷の惨劇 ― 松竹京都 ― 芦原正 ― 轟夕起子 伊沢一郎 水島道太郎

非常線 ― 松竹京都 ― マキノ雅弘 ― 斎藤達雄 椿三四郎 武田竜

母の灯 ― 松竹京都 ― 市川哲夫 ― 瀧花久子

花ある星座 ― 松竹大船 ― 大曾根辰夫 ― 灰田勝彦

それでも私は行く ― 松竹京都 ― 高木孝一 ― 原保美 沢村貞子 藤井貢

1948年

愉快な仲間 ― 松竹京都 ― マキノ雅弘 ― 原保美 花菱アチャコ 高田稔

かりそめの恋 ― 松竹京都 ― 井上金太郎 ― 笠智衆 沢村貞子 高田浩吉

Zの戦慄 ― 大映京都 ― 丸根賛太郎 ― 市川右太衛門 河津清三郎 羅門光三郎 高田実

一寸法師 ― 松竹京都 ― 市川哲夫 ― 藤田進 ハヤブサ・ヒデト 北龍二

野球狂時代 ― 東横映画 ― 斎藤寅次郎 ― 杉狂児 沢村貞子 広沢虎造

社長と女店員 ― 松竹大船 ― 大庭秀雄 ― 柳家金語楼 殿山泰司 加藤清一 榊保彦

四人目の淑女 ― 松竹大船 ― 渋谷実 ― 上原謙 浜田百合子 三浦光子

1949年

新妻会議 ― 東横映画 ― 千葉泰樹 ― 山根寿子 浜田百合子 徳大寺伸

1950年

君待てども	松竹大船	中村登	岡村文子 龍岡一郎 杉村春子
盤獄江戸へ行く	新東宝＝C・A・C映画	マキノ雅弘	大河内傳次郎 加東大介 嵐寛寿郎
佐平次捕物控・紫頭巾	C・A・C映画	マキノ雅弘	阪東妻三郎 大河内傳次郎 四代目澤村國太郎 加東大介
我輩は探偵でアル	松竹京都	市川哲夫	岸井明 森川信 灰田勝彦 若杉曜子
佐平次捕物控・紫頭巾 解決篇	C・A・C映画	マキノ雅弘	阪東妻三郎 大河内傳次郎 四代目澤村國太郎 加東大介
恋の十三夜	松竹大船	原研吉	折原啓子 河村黎吉 岡村文子 市川春代
嘆きの女王	松竹大船	萩山輝男	徳大寺伸 花井蘭子 山内明
悲恋模様 前篇東京篇	松竹大船	原研吉	佐野周二 幾野道子 川田芳子
悲恋模様 後編大阪篇	松竹大船	原研吉	佐野周二 幾野道子 川田芳子
晩春	松竹大船	小津安二郎	笠智衆 原節子 杉村春子 青木放屁
果てしなき情熱	新東宝＝新世紀	市川崑	堀雄二 月丘千秋 笠置シヅ子
恋愛三羽烏	松竹大船	中村登	灰田勝彦 鶴田浩二 清水金一
今宵別れて	松竹京都	高木孝一	宇野重吉 青山宏 山内明 北林谷栄
歌ふまぼろし御殿	大泉映画＝RKプロ	小田基義	水之江滝子 川田晴久 山茶花究
妻の部屋	東横映画	滝沢英輔	龍崎一郎 浜田百合子 伊豆肇
栄光への道	松竹京都	中村登	鶴田浩二 英百合子 藤村富美男
乙女の性典	松竹京都	大庭秀雄	永田光男 佐田啓二 飯野公子
海のGメン 玄海灘の狼	新東宝	志村敏夫	藤田進 中村彰 清川荘司 小堀誠

1950年

素晴らしき求婚	東宝	小田基義	伊豆肇
エノケン・ロッパの弥次喜多ブギウギ道中	松竹京都	大曾根辰夫	榎本健一　古川緑波　旭輝子
新妻の性典	松竹大船	大庭秀雄	佐田啓二
懐しの歌合戦	松竹大船	池田浩郎(構成)	美空ひばり　川田晴久　高峰三枝子
新粧五人女	東横京都	滝沢英輔	徳大寺伸　月丘千秋　入江たか子
七つの宝石	松竹大船	佐々木啓祐	佐田啓二　日高澄子　高田稔
長崎の鐘	松竹	大庭秀雄	若原雅夫　津島恵子　滝沢修
女性三重奏	松竹大船	佐々木康	淡島千景
花のおもかげ	松竹大船	家城巳代治	高橋貞二　山内明　津島恵子
東京新撰組	松竹大船	佐々木康	若原雅夫　西條鮎子　河村黎吉　野口豊
夜の緋牡丹	新東宝=銀座ぷろだくしょん	千葉泰樹	伊豆肇　島崎雪子　千明みゆき　北沢彪
愛染香	新東宝=昭映プロ	阿部豊	藤田進　池部良　久慈あさみ

1951年

軽喜劇『東京のお嬢さん』を携えて渡米。全米20都市を興行した後、声楽と舞踊を本格的に学ぶためニューヨークに滞在し約1年後に帰国する。

えり子とともに	藤本プロダクション	豊田四郎	山村聡　田村秋子　角梨枝子　井上大助
宝塚夫人	東宝=綜藝プロ	小田基義	春日野八千代　有馬稲子　初音麗子
感情旅行	松竹大船	佐々木康	若原雅夫　由利美耶子　清水一郎
天明太郎	松竹大船	池田忠雄	佐野周二　飯田蝶子　幾野道子

1952年	東京のお嬢さん	松竹大船	瑞穂春海	有島一郎　高松栄子　鶴田浩二
	うず潮	松竹大船	原研吉	松本恒夫　草間百合子　若原雅夫
	若奥様一番勝負	松竹大船	瑞穂春海	佐野周二　佐田啓二　高松栄子
1953年	「第3回NHK紅白歌合戦」に初出場し、「新雪」を歌唱。			
	関白マダム	松竹大船	池田忠雄	佐野周二　川喜多雄二　小林トシ子
	闘魂	松竹京都	大曾根辰夫	鶴田浩二　大木実　北龍二　高千穂ひづる
	美女剣光録	大映	丸根賛太郎	水谷八重子　香住佐代子　忍美代子
	朝焼け富士（前篇）	東映京都	松田定次	市川右太衛門　喜多川千鶴　小杉勇
	朝焼け富士（後篇）	東映京都	松田定次	市川右太衛門　喜多川千鶴　小杉勇
	愛欲の裁き	松竹大船	大庭秀雄	若原雅夫　香川良久　笠智衆
	愚弟賢兄	松竹大船	野村芳太郎	東山千栄子　三橋達也　沢村貞子
	旅路	松竹大船	中村登	笠智衆　岸惠子　佐田啓二　若原雅夫
	君の名は　第1部	松竹大船	大庭秀雄	岸惠子　市川小太夫　望月優子　佐田啓二
	鞍馬天狗　青面夜叉	松竹京都	野村芳太郎	島田正吾　本松一成　石山健二郎　柳永二郎
	東京マダムと大阪夫人	松竹大船	川島雄三	三橋達也　大坂志郎　水原真知子
	ひろしま	日教組プロ	関川秀雄	岡田英次　神田隆　利根はる恵
	花の生涯	松竹京都	大曾根辰夫	松本幸四郎　有島一郎　高田浩吉

1953年

君の名は 第2部 ―松竹大船 ―大庭秀雄 ―岸惠子 佐田啓二 淡島千景 川喜多雄二

お嬢さん社長 ―松竹大船 ―川島雄三 ―美空ひばり 市川小太夫 坂本武 桂小金治

1954年

家族会議 ―松竹大船 ―中村登 ―高橋貞二 市川小太夫 小林トシ子 柳永二郎

慶安水滸伝 ―松竹京都 ―野村芳太郎 ―高田浩吉 小沢栄 三井弘次 龍崎一郎

春の若草 ―松竹大船 ―原研吉 ―笠智衆 須賀不二男 草笛光子

伝七捕物帖 人肌千両 ―松竹京都 ―松田定次 ―高田浩吉 薄田研二 若杉英二

君の名は 第3部 ―松竹大船 ―大庭秀雄 ―佐田啓二 岸惠子 淡島千景

若旦那武勇伝 ―松竹京都 ―芦原正 ―大木実 若杉英二 北竜二

陽は沈まず ―松竹大船 ―中村登 ―柳永二郎 夏川静江 淡島千景 三橋達也

昨日と明日の間 ―松竹大船 ―川島雄三 ―鶴田浩二 進藤英太郎 淡島千景

伝七捕物帖 刺青女難 ―松竹京都 ―岩間鶴夫 ―高田浩吉 伴淳三郎 桂小金治

二十四の瞳 ―松竹大船 ―木下惠介 ―高峰秀子 天本英世 八代敏之 木下尚寅

君に誓いし ―松竹大船 ―田畠恒男 ―高橋貞二 石浜朗 三橋達也

忠臣蔵 花の巻・雪の巻 ―松竹京都 ―大曾根辰夫 ―高田浩吉 松本幸四郎 山田五十鈴

真実の愛情を求めて 何処へ ―松竹大船 ―大庭秀雄 ―佐田啓二 日守新一 斎藤達雄 伊藤雄之助

伝七捕物帖 黄金弁天 ―松竹京都 ―福田晴一 ―高田浩吉 伴淳三郎 山路義人

1955年

日活に移籍。映画大盛隆の時代で、出演料は映画1本につき200万円と松竹時代の倍となった。
当時の日活俳優たちの中で最も高額の出演料となる。

銀座令嬢 — 松竹大船 — 堀内真直 — 柳永二郎 大木実 仲原雅二

あした来る人 — 日活 — 川島雄三 — 山村聡 三橋達也 新珠三千代

木曽の風来坊 — 日活 — 小林桂三郎 — 坂東好太郎 坂東鶴之助 小堀誠

おしゅん捕物帖 謎の尼御殿 — 日活 — 滝沢英輔 — 三國連太郎 北原三枝 広岡三栄子

銀座二十四帖 — 日活 — 川島雄三 — 三橋達也 北原三枝 小夜福子

自分の穴の中で — 日活 — 内田吐夢 — 三國連太郎 宇野重吉 金子信雄 北原三枝

乳房よ永遠なれ — 日活 — 田中絹代 — 葉山良二 織本順吉 川崎弘子

1956年

ジャズ・オン・パレード 1956年 裏町のお転婆娘 — 日活 — 井上梅次 — 江利チエミ 長門裕之 芦川いづみ フランキー堺

丹下左膳（乾雲の巻） — 日活 — マキノ雅弘 — 水島道太郎 四代目澤村國太郎 南田洋子 金子信雄

第8監房 — 日活 — 阿部豊 — 三橋達也 黒田剛 山岡久乃

丹下左膳（坤竜の巻） — 日活 — マキノ雅弘 — 水島道太郎 沢村国太郎 南田洋子 金子信雄

丹下左膳（昇竜の巻） — 日活 — マキノ雅弘 — 水島道太郎 沢村国太郎 南田洋子 金子信雄

東京の人 前篇 — 日活 — 西河克己 — 左幸子 柴恭二 滝沢修

東京の人 後篇 — 日活 — 西河克己 — 左幸子 柴恭二 滝沢修

東京バカ踊り — 日活 — 吉村廉 — 南田洋子 斎藤美和 島倉千代子 岡晴夫

火の鳥 — 日活 — 井上梅次 — 伊達信 三橋達也 仲代達矢

感傷夫人 — 日活 — 堀池清 — 二木てるみ 宇野重吉 早川十志子

月蝕 — 日活 — 井上梅次 — 三橋達也 金子信雄 安部徹

1957年

監督の井上梅次と結婚。

お転婆三人姉妹 踊る太陽 ― 日活 ― 井上梅次 ― 轟夕起子 ペギー葉山 芦川いづみ 浅丘ルリ子
孤独の人 ― 日活 ― 西河克己 ― 津川雅彦 小林旭 青山恭二 武藤章生
街燈 ― 日活 ― 中平康 ― 南田洋子 葉山良二 岡田眞澄
危険な関係 ― 日活 ― 井上梅次 ― 金子信雄 小園蓉子 北原三枝
マダム ― 日活 ― 阿部豊 ― 堀恭子 村田杏子 泉桂子
永遠に答えず(青春篇) ― 日活 ― 西河克己 ― 小夜福子 葉山良二 畑中蓼坡
白夜の妖女 ― 日活 ― 滝沢英輔 ― 葉山良二 小林正 大矢市次郎
鷲と鷹 ― 日活 ― 井上梅次 ― 石原裕次郎 三國連太郎 浅丘ルリ子
美徳のよろめき ― 日活 ― 中平康 ― 三國連太郎 青砥方比呂 葉山良二

1958年

夜の牙 ― 日活 ― 井上梅次 ― 石原裕次郎 岡田眞澄 浅丘ルリ子
永遠に答えず(完結篇) ― 日活 ― 西河克己 ― 大迫由美 大坂志郎 田中筆子
夫婦百景 ― 日活 ― 井上梅次 ― 大坂志郎 岡田眞澄 浅丘ルリ子
素晴しき男性 ― 日活 ― 井上梅次 ― 石原裕次郎 北原三枝 山岡久乃
運河 ― 日活 ― 阿部豊 ― 金子信雄 浅丘ルリ子 南田洋子
続 夫婦百景 ― 日活 ― 井上梅次 ― 大坂志郎 岡田眞澄 浅丘ルリ子

1959年

日活を離れてフリーとなる。

不道徳教育講座 —日活 —西河克己 —大坂志郎 信欣三 三崎千恵子 長門裕之
祈るひと —日活 —滝沢英輔 —芦川いづみ 下元勉 金子信雄
名づけてサクラ —日活 —斎藤武市 —下元勉 川村恵子 中原早苗
東京の孤独 —日活 —井上梅次 —小林旭 大坂志郎 芦川いづみ

1960年

一本刀土俵入 —大映京都 —安田公義 —長谷川一夫 宮川和子 菅原謙二

1961年

晴小袖 —大映京都 —安田公義 —長谷川一夫 鳳八千代 根上淳
わが恋の旅路 —松竹京都 —篠田正浩 —川津祐介 岩下志麻 渡辺文雄
母と娘 —松竹京都 —川頭義郎 —鰐淵晴子 佐分利信 浅茅しのぶ 平山清
風来先生 —松竹京都 —市村泰一 —津川雅彦 環三千世 伴淳三郎
熱愛者 —松竹大船 —井上和男 —岡田茉莉子 芥川比呂志 桑野みゆき 宇野重吉
女房学校 —大映東京 —井上梅次 —山本富士子 森雅之 小沢栄太郎 叶順子
雑婚時代 —大映東京 —田中重雄 —叶順子 船越英二 北原義郎
三味線とオートバイ —松竹大船 —篠田正浩 —桑野みゆき 森雅之 川津祐介
釈迦 —大映京都 —三隅研次 —本郷功次郎 チエリト・ソリス 勝新太郎 川崎敬三
黒い三度笠 —大映京都 —西山正輝 —長谷川一夫 水原弘 三田村元 近藤美恵子
のれんと花嫁 —松竹大船 —番匠義彰 —津川雅彦 伴淳三郎 高橋とよ

1962年

家庭の事情 —大映 —吉村公三郎 —若尾文子 山村聡 叶順子 三条魔子
川は流れる —松竹大船 —市村泰一 —桑野みゆき 仲宗根美樹 大坂志郎

	裁かれる越前守	―大映京都	―田中徳三	―長谷川一夫 中村玉緒 丹阿弥谷津子
	雲右衛門とその妻	―大映京都	―安田公義	―三波春夫 浦路洋子 石黒達也
	長脇差忠臣蔵	―大映京都	―渡辺邦男	―市川雷蔵 本郷功次郎 勝新太郎 宇津井健
	酔いどれ無双剣	―東映京都	―沢島忠	―市川右太衛門 里見浩太朗 北条きく子
	はだしの花嫁	―松竹大船	―番匠義彰	―鰐淵晴子 佐野周二 倍賞千恵子 三井弘次
	ちんじゃらじゃら物語	―松竹京都	―堀内真直	―伴淳三郎 千秋実 島かおり
1963年	第三の悪名	―大映京都	―田中徳三	―勝新太郎 田宮二郎 長門裕之
1964年	明日の夢があふれてる	―松竹大船	―番匠義彰	―益田喜頓 鰐淵晴子 松山英太郎 三田明
1965年	帯をとく夏子	―大映東京	―田中重雄	―若尾文子 町田博子 船越英二 平幹二朗
1966年	乗り合わせた車が交通事故に遭い、重傷を負う。			
1967年	河内遊侠伝	―東映東京	―田中重雄	―千葉真一 緑魔子 大原麗子
1969年	結婚します	―松竹	―中村登	―竹脇無我 奈美悦子 倍賞千恵子
1971年	喜劇 おめでたい奴	―テアトルプロ	―花登筐	―大村崑 小林勝彦 関敬六 立原博
	旅路 おふくろさんより	―松竹	―斎藤耕一	―森進一 田村正和 加賀まりこ 尾崎奈々
	告白的女優論	―現代映画社	―吉田喜重	―浅丘ルリ子 赤座美代子 木村功 稲野和子
1974年	華麗なる一族	―芸苑社（製作協力 東宝映画）	―山本薩夫	―佐分利信 仲代達矢 京マチ子
1977年	青年の樹	―東宝映画	―西村潔	―三浦友和 檀ふみ 幾野道子 矢吹二朗

	瞳の中の訪問者	ホリ企画制作	大林宣彦	片平なぎさ 山本伸吾 志穂美悦子 峰岸徹
1985年	二代目はクリスチャン	角川春樹事務所	井筒和幸	志穂美悦子 岩城滉一 柄本明 室田日出男
1994年	女ざかり	松竹＝テレビ東京＝アミューズ＝日本出版販売作品	大林宣彦	吉永小百合 津川雅彦 風間杜夫 藤谷美紀
2010年	2月11日、夫・井上梅次死去。			
2013年	日本映画界の発展と普及に役立ちたいという願いのもとに、井上・月丘映画財団を設立。			
2014年	宝塚歌劇団100周年を記念して設立された「宝塚歌劇の殿堂」100人のひとりとして殿堂入り。			
2017年5月3日	肺炎により東京都内の病院で死去。95歳。			
2023年	生誕地である広島市内平和大通りの白神社《しらかみしゃ》前に月丘夢路の祈念牌が建立される。 国立映画アーカイブにて月丘夢路・井上梅次の企画展、上映会(月丘夢路 井上梅次100年祭)が開催。			

井上・月丘映画財団厳選の「いま観るべき月丘夢路映画21選」

名実ともに代表作と言えるものから密かな名作まで、ぜひ皆様に観ていただきたい21作品をご紹介します。
ミニシアターなどでの上映でしか観ることが叶わないものもありますが、機会がありましたらぜひご覧ください。

©KADOKAWA

1 |

新雪

監督/五所平之助　1942年　大映

新雪のごとく汚れなき心を持って伸びゆく子ども達に、生きる喜びを教えるひとりの青年教師。教師をめぐり明滅するふたりの女性の愛情のもつれを描いた恋愛作品。

『晩春 デジタル修復版』好評発売中　DVD価格:3,080円(税込)　発売販売元:松竹　©1949/2015 松竹株式会社

2 |

晩春

監督/小津安二郎　1949年　松竹

娘の結婚や親の孤独といった、独自のスタイルとテーマを確立した家族劇。婚期を逃しかけている娘とその父親の平凡な日常を、けれん味を排した演出で描く。

『長崎の鐘』好評発売中　DVD価格:3,080円(税込)　発売販売元:松竹　©1950 松竹株式会社

3 |

長崎の鐘

監督/大庭秀雄　1950年　松竹

原爆被災者である医学者・永井隆博士の手記を元に描く、感動の抒情詩。原子病の床にありながら、原子医学に生涯を捧げた永井隆の半生を描く。

4 |

東京マダムと大阪夫人

監督/川島雄三　©1953 松竹株式会社

東京マダムと大阪夫人は家も隣同士、亭主も同じ課の同輩とあって、何かにつけて張り合う仲。郊外の紡績社員社宅を舞台にしたラブコメディ。

5 |

あした来る人

監督/川島雄二　1955年　©日活

井上靖の新聞連載小説を映画化。一組の夫婦の離婚問題を中心に、その周囲も巻き込んで男女の人間関係の意味や不思議さを問う人間ドラマ。

6 |

おしゅん捕物帖

監督/滝沢英輔　1955年　©日活

若い娘の髷を切る侍姿の通り魔が江戸に出没。ある日婚礼前のお絹が髪を切られ、それを悲しみ投身自殺を遂げた。お絹の親友・おしゅんは犯人捜査に立ち上がる。

7 |

銀座二十四帖

監督/川島雄三　1955年　©日活

京極和歌子は幼い頃に描いてもらった少女像を頼りに、画家との再会を夢見る。華やかな街・銀座を舞台に、ネオンと流行の影がひしめく都会の青春群像劇。

8 |

自分の穴の中で

監督/内田吐夢　1955年　©日活

石川達三の同名小説を映画化。兄や継母に反発しつつ、享楽的な医師と内気なインテリ青年の間で揺れ動くヒロイン。それぞれのエゴイズムから崩壊する家族の物語。

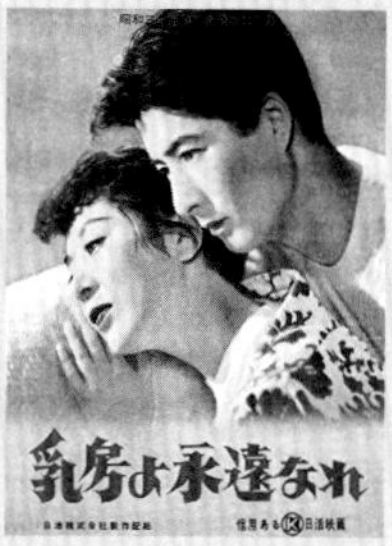

9 |

乳房よ永遠なれ

監督/田中絹代　1955年　©日活

離婚後、息子を引き取り札幌から上京したふみ子は、乳がんを発症する。自身の命に危機が迫ることを知り……。歌人中城ふみ子の作品を原作にした女性監督映画。

10 |

東京の人　前篇・後篇

監督/西河克己　1956年　©日活

川端康成の文芸大作の映画化作品。日活五大スターが綾なす恋と愛を東京ロケを随所に入れて、絢爛と咲く都会風俗史を、前篇と後篇の二部作で映画化。

11 |

火の鳥

監督/井上梅次　1956年　©日活

母親と早く死に別れた舞台女優・生島エミは、仕送りを受けていた父親の急逝を知り……。多難な半生を通じたくましく自分の意志で行動していく女性を描く文藝巨編。

12 |

月蝕

監督/井上梅次　1956年　©日活

ナイトクラブで殺された女・綾子は、怪しいまでに神秘的な美しさをまとっていた。不信と愛憎に苦悶する若き人間群像を強烈なタッチでえぐった石原慎太郎原作の作品。

13 |

危険な関係

監督/井上梅次　1957年　©日活

日本一を誇る川奈のグリーン・ホテルに、泊まり合わせた9人の男女。それぞれの思惑によって次第に事態は混迷を極めていく様子を描く社会諷刺劇。

14 |

永遠に答えず　青春篇・完結篇

監督/西河克己　1957年58年　©日活

連続ラジオドラマ原作。戦争によってすれ違ってしまった一組の男女とその子ども。ただ一筋の愛に生き抜く女性の幾星霧を描く珠玉のメロドラマ。

15 |

白夜の妖女

監督/滝沢英輔　1957年　©日活

高野山の聖と呼ばれる老僧が、若き日に体験した奇怪譚を告白する、僧と1人の美しい妖怪の物語。泉鏡花原作「高野聖」の映画化作品。

16 |

鷲と鷹

監督/井上梅次　1957年　©日活

海洋丸という船に乗り込む、青年と刑事。2人は互いに疑いの目で見ていたが、やがて船は未曾有の暴風雨に巻き込まれていく……。大掛かりな特撮の冒険アクション。

17 |

美徳のよろめき

監督/中平康　1957年　©日活

三島由紀夫の長編小説を原作に人妻の背徳を優雅に表現。良妻賢母の主人公が忘れられない相手と再会し揺れる物語。公開後に「よろめき」という言葉が流行する。

18 |

夜の牙

監督/井上梅次　1958年　©日活

場末の盛り場、ガード下に診療所を開く杉浦健吉は知人に戸籍を貸すため区役所へ行くと自分の戸籍が抹消されているのを知り……井上梅次脚本のサスペンス映画。

19 |

夫婦百景

監督/井上梅次　1958年　©日活

大川家は妻・みはるが勤め人、夫・蒼馬がエプロン姿でお見送りという逆転夫婦。そこに学生夫婦が押しかけてきて……。様々な夫婦のあり方を描いた人間喜劇。

20 |

運河

監督/阿部豊　1958年　©日活

一流デザイナーである妻・伊丹紀子と画家の夫・均の夫婦を中心に、愛欲という流れに生きる人々の人間模様や心の葛藤を描く。

「華麗なる一族(2枚組)〈東宝DVD名作セレクション〉」DVD発売中　発売・販売元:東宝　©2004 TOHO CO.,LTD.

21 |

華麗なる一族

監督/山本薩夫　1974年　芸苑社

大富豪の銀行家一族を中心に政財界にまたがる富と権力をめぐる人間の野望と愛憎を描く社会派ドラマ。山崎豊子の同名小説を山本薩夫監督が映画化した超大作。

義母・月丘夢路とハワイ

月丘夢路とハワイ。終戦後の1951年、アメリカに渡るためウエーキ島経由のパンアメリカン航空で到着したホノルル。ワイキキビーチでの月丘姉妹の写真です。皆様ご存知のホテルは一つも写っていません。この当時はロイヤルハワイアンホテルとモアナホテルしかない時代でした。
母とハワイは、私の人生と同じくらい歴史があります。
妹・千秋さんと渡米したきっかけは、ハワイの興行師さんからの申し入れ。まずホノルルで興行しました。ハワイには一時、東宝劇場や日本劇場など日本の映画会社系列の映画館が4つもあり、多くの1世、2世の日系人の楽しみだった様ですが、それらの劇場が出来る前の時代に、自分達の映画を持参し地元の人達に楽しんでもらった様です。
いつも母の言っていた言葉に「世界がハワイの様になったら良いのにね」というものがあります。これはハワイでは本当に多くの人種が入り混じって楽しく平和に生きている事、例えば、あいつはハッパハオレ(白人とのハーフ)だとかチャプスイ(多くの人種の

混血)だとかいろんな表現はしますけど、みな差別なく楽しく生きているという事を言っているのだと思います。
3ヵ月ほど滞在した後、ロサンゼルス、サンフランシスコ、シアトルなど日系人が多く暮らす20都市を巡り、最後にそのままニューヨークに1年ほど滞在して、カーネギーバレエスクールなどで勉強していた様です。
私の仕事拠点はホノルルのため(50年ほどになります)、東京に帰る時は短期滞在となってしまいます。でも、母がハワイに来る時は長期で滞在してくれました。
95歳で亡くなる前まで、毎年ハワイでの生活を楽しんでいた母。家内は東京に居ても、母とお手伝いさんで何ヵ月もハワイに居てくれました。母も私も誕生日は10月14日。非常にウマが合うというか、家内と喧嘩しても常に私の側についてくれ、家庭平和を保ってくれました。
その母のために私達が出来る事は何だろう。それは良い日本映画を世界中の人々に見てもらう事ではないだろうか? 2010年に父・井上梅次が亡くなった時、母から「自分達を育ててくれた映画業界に恩返しをしたい」と言われ、2013年に【井上・月丘映画財団】を設立しました。日本映画界が活性化し日本文化の向上と共に、日本映画が国際的に普及する事を願って国内外の映画祭への出品や上映の支援までを行う【ムーン・シネマ・プロジェクト＝短編映画の企画を募り優勝者に製作費を助成】を2015年に発足させ、高く評価されながらもチャンスに恵まれない若手映画監督達の

短編映画の製作から配給までをサポートしています。父と母の思いが届いたのか、財団が送り出した第1作作品『そうして私たちはプールに金魚を、』(長久允監督)が、2017年度のインディペンデント映画界の登竜門として知られるサンダンス映画祭にノミネートされ、ショートフィルム部門のグランプリを受賞しました。クエンティン・タランティーノ、ジム・ジャームッシュら数多くの名監督を輩出したこの映画祭でグランプリ、しかも短編では日本人初受賞という事を母に伝えると、満面の笑みで「私、世界の賞なんてとった事ないわ。すごいわね!」と喜んでいたのが昨日の事のようです。

そしてもう一つ、朗報が。

アメリカ・ワシントンDCのスミソニアン博物館から、2018年の桜の季節(ポトマック川沿いの桜は大変有名です)に井上梅次の映画祭を開催したいとの連絡がありました。父にとっても大変名誉な事でしたので、私と家内でワシントンの街並みが桜色に染まる季節の中、上映会に参加させて頂き館長主催の歓迎会やらレセプションにも参加させて頂き、盛況の中、8本の父の映画を鑑賞してきました。各方面からの良いお話を頂くにつけ、亡くなった父と母の人徳がそうしてくれていると思う次第です。

戦中・戦後と日本の激動期を歩いた2人。慶應義塾大学から学徒出陣で神宮外苑を行進した父と、慰問団として戦地へ出向いた母……戦後の日本の復興に多少なりとも寄与したことは疑いありません。

そして私には一言も語ってくれず、昨今初めてNHKの放送を見て知る事になった映画『ひろしま』。終戦から5年後に製作費を日本教職員組合の方々が50円ずつ出しあい、8万5千人以上の広島市民が出演したこの映画に、母は主演のお話を頂き、広島出身の自分がやらず誰がやるのと、周りの反対を押し切って、全員がボランティアで二度と戦争を起こしてはいけないという理念の元に、苦労して作られた『ひろしま』。

しかし残念ながら、当時の世相を反映しどの映画会社にも扱ってもらえず、御蔵入りになったそうです。当時の各社の政府に対する忖度からだと思います。

ですが昨今、各方面から話題になってきた様です。我々も微力ながら、出来る限り戦争の体験者である両親の「戦争だけは起こしてはいけない、戦争に勝ち負けはない」という気持ちを大切に、この母の映画『ひろしま』を広めていこうと考えています。

父は116本の映画でメガホンをとり、母は170本以上の映画に出演しました。2人とも、ドラマや舞台を含めると数え切れないほどの作品数になります。1日に3本の映画を同時進行で撮影するほど忙しい、映画産業の時代を生き抜いてきた、井上梅次と月丘夢路には、本当に頭が下がります。

いつでも、どこにいても、我々を見守ってくれている母。私は毎日、月になった母と会話をしております。

皆様、ふと空を見上げて月が輝いている時がありましたら、語りかけてあげて下さい。きっと喜びます。

母と素敵な時間を共にして頂いた多くの方々、並びにこの生誕100年誌に御協力頂いた全ての皆様に、心より、御礼を申し上げます。

宇野　隆夫

あなたの娘でよかった。

井上絵美

P.72［右］
夫の井上梅次やプライベートでも仲の良かった三橋達也と。

P.72［左上］
1958年頃、パリで岸恵子と。

P.72［左中］
アメリカで1959年に放送された大人気テレビ番組『ハワイアン・アイ』の主役、ロバートコンラッドと。ハリウッドのワーナーブラザーズの撮影所で。

P.74
1951年頃、ニューヨークで。主演した映画『東京のお嬢さん』(松竹大船)興行のため渡米、訪れた街は約20都市にのぼった。興行最終地としてニューヨークを訪れ、そのまま一人残って1年半を過ごすことに。

P.76［上、下］
1951年頃、ニューヨークで。

P.77
1951年頃、ニューヨークの平和凱旋門前で。

P.78［上］
休日の1コマ。オフはほとんどなかったが、ゴルフに興じることも。

P.78［下］
1951年頃、ハワイで。

P.79
1951年頃、ニューヨークで。
©松島 進

P.80
右は中原早苗。

P.82
1954年、マリリン・モンロー来日の際に花束を渡すために羽田空港で。右は中原早苗。

P.83［上］
1952年頃、ニューヨーク・カーネギーバレエスクールでの留学中のスナップ。右から二番目は舞踊家として世界的に活躍していた新村英一。

P.83［下］
1951年頃、ニューヨークで取材を受ける。

P.84
1951年頃、ニューヨーク郊外のビーチで。メモは映画『東京のお嬢さん』(松竹大船)興行で訪れた都市を回想した、本人の直筆。

P.86
1951年頃、ニューヨークで。

P.88［右上］
3歳くらいの頃。広島市の写真館で撮ったものと思われる。

P.88［上］
広島の実家にて。右から夢路、弟の一美、妹の菊江(後に女優となる千秋)。

P.88［下］
広島の写真館にて。右から夢路、弟の芳男、妹の菊江、弟の一美。このあとに妹の洋子が生まれて五人兄弟となる。

P.89［上、下］
小学生くらいの頃の夢路。ひ弱でとても目が大きく、「デメキン」とあだ名がつくほど。

P.90
宝塚歌劇団に入団し、女優として歩み始めた頃。

P.91
1942年 宝塚歌劇団雪組公演『コーロア物語』
所蔵:阪急文化財団池田文庫　©宝塚歌劇団

P.92［上右］
宝塚歌劇団在籍中の写真。

P.92［上左］
1940年代の頃。

P.92［下］
宝塚時代の仲良しと。左上から時計回りに乙羽信子、越路吹雪、淡島千景、夢路。
『平凡』1950年12月号
@マガジンハウス

P.93
水の江瀧子と。
©宝塚歌劇団

P.94
1940年代、映画デビューの頃。

P.96［右］
夫となる井上梅次と2人で。

P.97
結婚式直前のスナップ。当日も映画撮影中で、撮影所から式場へ直接向かうほど多忙な中での挙式だった。

P.98
新婚の頃、世田谷の自宅の庭の池の前にて。梅次が犬好きで何匹も飼っていた。

P.100
新婚の頃。自宅、庭のテラスにて。

P.102
1959年、娘の絵美が産まれた昭和医大にて。

P.103［上］
右から夢路の母信子、梅次、生まれたばかりの娘絵美、夢路。

P.103［中］
1963年ごろ。自宅の応接間にて。

P.103［下］
1966年頃。梅次のロケ現場を訪れた時のもの。

P.105
1965年娘絵美の慶應義塾幼稚舎入学時に自宅前で。実は聖心女子学院の前に慶應へ入学したが、1週間で辞め聖心に入りなおすことに。夢路は娘の再入学のために奔走した。

P.106［上］
独身時代、雪ヶ谷の自宅にて。

P.106［下］
娘の出産後も女優として多忙を極め、育児は乳母に任せきりだった。撮影の合間につかの間のふれあい。

P.107
独身時代、雪ヶ谷の自宅で妹の千秋と。

P.108［上］
1950年頃の家族写真。夢路の宝塚入学への後押しをしてくれた、芸術好きの叔父(妹の洋子を膝に乗せた人物)の家と思われる。

P.108［下］
世田谷の自宅前で父の弥六と。夢路は自他ともに認めるお父さんっ子であった。

P.109［上］
独身時代、雪ヶ谷の自宅で妹の千秋と。

P.109［下］
結婚後、世田谷の自宅前で。夢路の両親と妹の洋子、右から2番目は当時マツダ社長の松田恒次。

P.110
妹・千秋と。

P.170
1951年頃、ハワイで。

P.173
『家庭画報』2009年8月1日発行52巻8号(世界文化社)「母と娘の肖像」掲載
©立木義浩

別冊付録　映画ひろしま
『ひろしま』1953年
監督/関川秀雄　製作/日教組プロ
©JTU日本教職員組合
映画スチール写真はすべて©JTU日本教職員組合

［お願い］ 本書に掲載させていただいた写真は多くが月丘夢路の個人所蔵のものであり一部調査がつかないものがありました。お心当たりの方はご一報ください。

写真クレジットと詳細

カバー
©松島 進

P.8
『夜の緋牡丹』1950年
監督/千葉泰樹　新東宝　©国際放映

P.12
この時の夢路の役名がエミであり、後に生まれた娘にも絵美と名付ける。『火の鳥』1956年
監督/井上梅次　©日活

P.16
衣装は当時よく映画の衣装デザインを担当していた森英恵のものと思われる。

P.17
こちらもP.16と同様に森英恵の衣装と思われる。

P.18
©松島 進

P.19
1952年、30歳の時の写真。アメリカ帰国直後の時のもの。
©文藝春秋

P.20
『忠臣蔵 花の巻雪の巻』
監督/大曾根辰夫　©1954 松竹株式会社

P.21
『白夜の妖女』1957年
監督/滝沢英輔　©日活

P.24
仲代達矢と。『火の鳥』1956年
監督/井上梅次　©日活

P.26
石原裕次郎、三國連太郎と。『鷲と鷹』1957年
監督/井上梅次　©日活

P.28
原節子と。『晩春』
監督/小津安二郎　©1949 松竹株式会社

P.30［上］
浅丘ルリ子、井上梅次らと。福岡・門司の港でファンの出迎えを受けて。『鷲と鷹』1957年
監督/井上梅次　©日活

P.30［下］
『鷲と鷹』1957年
監督/井上梅次　©日活

P.31［上］
『鷲と鷹』1957年
監督/井上梅次　©日活

P.31［下右］
三國連太郎と。

P.31［下左］
1958年のベルリン映画祭に『白夜の妖女』が出品され、一団でヨーロッパへ旅発つ時のもの。この前年に結婚した井上梅次や日活の江守清樹郎と。

P.32［上］
広島で催された公演の様子。2日間の公演で得た収益は原爆孤児救済基金として広島に寄付していた。

P.32 下
撮影中の1コマ。『素晴しき男性』1958年
監督/井上梅次　©日活

P.33［上］
1958年頃。撮影中の1コマ。

P.33［下］
1953年、映画『ひろしま』撮影時に市民に囲まれて。

P.34
1957年日活に所属していた頃のもの。
©日活

P.36
石原裕次郎と。『月蝕』1956年
監督/井上梅次　©日活

P.37［上］
石原裕次郎と。『鷲と鷹』1957年
監督/井上梅次　©日活

P.37［下］
三橋達也と。『火の鳥』1956年
監督/井上梅次　©日活

P.38［上］
『夜の牙』1958年
監督/井上梅次　©日活

P.39
『夜の牙』1958年
監督/井上梅次　©日活

P.40
三國連太郎、金子信雄と。『火の鳥』1956年
監督/井上梅次　©日活

P.42［上］
石原裕次郎、西村晃と。『夜の牙』1958年
監督/井上梅次　©日活

P.43［下］
左から白木マリ、石原裕次郎、夢路、岡田真澄、浅丘ルリ子。『夜の牙』1958年
監督/井上梅次　©日活

P.44
マルベル堂撮影のブロマイド。
©マルベル堂

P.47
『東京のお嬢さん』
監督/瑞穂春海　©1951 松竹株式会社

P.48
1951年頃、ハワイで。

P.51
『危険な関係』1956年
監督/井上梅次　©日活

P.52
鶴田浩二と。『東京のお嬢さん』
監督/瑞穂春海　©1951 松竹株式会社

P.53
堺駿二と。『東京のお嬢さん』
監督/瑞穂春海　©1951 松竹株式会社

P.54
佐野周二と。『若奥様一番勝負』
監督/瑞穂春海　©1952 松竹株式会社

P.55
佐田啓二と。

P.56
1955年、日活に移籍直後のもの。
©日活

P.63
独身時代、自宅の鏡台の前で。

P.64
『夫婦百景』1958年
監督/井上梅次　©日活

P.66
『おしゅん捕物帖』1955年
監督/滝沢英輔　©日活

P.67［右］
1950年代当時、着物で撮影することは多くあり、ファンクラブ会報誌・ブロマイド・雑誌などのために撮ったもの。

P.67［左上］
所蔵：講談社資料センター

P.67［左下］
1958年頃。
所蔵：講談社資料センター

P.68［上］
親しい仲間たちと夜の会食でのスナップ。夢路の向かって右は鶴田浩二。2人の間（背後）はナイトクラブオーナーで友人の新田棟一。

P.68［下］
結婚後のスナップ。世田谷の自宅で。
所蔵：講談社資料センター

P.69［上］
愛車のジャガー。毎日撮影所へはこの車で通っていた。

P.69［下］
1950～60年代、当時マツダ社長であった松田恒次と。松田家とは家族のような深い付き合いだった。

P.70
1950年代の独身時代、当時家族で住んでいた雪ヶ谷の自宅の庭で。このジャガーは当時日本に1台しかなかった。

P.71［下］
『永遠に答えず 完結篇』1958年
監督/西河克己　©日活

月《つき》丘《おか》夢《ゆめ》路《じ》
芍《しゃく》薬《やく》な月《つき》

2023年6月2日　第1刷発行

編・著	一般財団法人《いっぱんざいだんほうじん》 井上《いのうえ》・月丘映画財団《つきおかえいがざいだん》
発行者	堺　公江
発行所	株式会社 講談社エディトリアル
	〒112-0013 文京区音羽1-17-18 護国寺SIAビル6F
	（代表）03-5319-2171
	（販売）03-6902-1022
印刷・製本	株式会社東京印書館
ブックデザイン	高木裕次（DynamiteBrothersSyndicate）
写真	栗林成城／p118-134、152、154
構成協力	今泉愛子
編集協力	株式会社 講談社エディトリアル

スチール図版協力
日活、松竹、東宝、KADOKAWA、国際放映、宝塚歌劇団、阪急文化財団、
文藝春秋、マガジンハウス、NHK、立木義浩事務所、マルベル堂、
『家庭画報』（世界文化社）、村上益男、JTU日本教職員組合、広島県立図書館

定価はカバーに表示してあります。

ISBN 978-4-86677-123-6